Финансовые поддержки в процессе
Новой Индустриализации России

俄罗斯新工业化进程中的金融支持研究

于 娟 / 著

清华大学出版社
北 京

内容简介

工业化进程与金融支持的匹配度密切相关，2008年俄罗斯国家创新战略启动，俄罗斯进入又一轮工业化时期——新工业时期。完善战略性新兴产业的金融支持体系是工业化推进的有力保障。本书以发达国家创新经济时期的金融调节手段经验为借鉴，梳理了俄罗斯产业结构调整进程和金融市场的发展，考察分析了俄罗斯新工业化发展中金融支持的效率问题。

本书适合于产业经济学与金融学专业的研究生以及对金融支持感兴趣的读者阅读。

图书在版编目(CIP)数据

俄罗斯新工业化进程中的金融支持研究/于娟著. —北京：清华大学出版社，2017
ISBN 978-7-302-48823-1

Ⅰ.①俄…　Ⅱ.①于…　Ⅲ.①金融支持－研究－俄罗斯　Ⅳ.①F835.120

中国版本图书馆CIP数据核字(2017)第273109号

责任编辑：张　莹
封面设计：傅瑞学
责任校对：宋玉莲
责任印制：王静怡

出版发行：清华大学出版社
网　　址：http://www.tup.com.cn，http://www.wqbook.com
地　　址：北京清华大学学研大厦A座　**邮　　编**：100084
社 总 机：010-62770175　**邮　　购**：010-62786544
投稿与读者服务：010-62776969，c-service@tup.tsinghua.edu.cn
质量反馈：010-62772015，zhiliang@tup.tsinghua.edu.cn
印 装 者：三河市少明印务有限公司
经　　销：全国新华书店
开　　本：170mm×240mm　**印　　张**：11.5　**字　　数**：200千字
版　　次：2017年12月第1版　**印　　次**：2017年12月第1次印刷
定　　价：49.00元

产品编号：072636-01

前　言

2008年金融危机后，世界各国充分认识了经济危机根源，纷纷提出了创新发展战略。俄罗斯也于此时制订了一系列发展规划，凸显创新在国家发展战略中的高度，并通过法令的形式确定《2020年前俄联邦创新发展战略》为纲要，分阶段逐步实现战略目标。从《2020年前俄联邦创新发展战略》来看，俄罗斯创新发展的实际进程缓慢。这与两方面的原因密切关联，其一是俄罗斯经济结构调整对科技研发速度与进程的支持，其二是科技研发的生产与转化效率。相对而言，科技发展的产研转化率提升能够有力保障科技不断探索、经济持续繁荣，使科技作为第一生产力的作用得到充分发挥！

新兴经济体国家利用后发优势，在借鉴发达国家和赶超型国家经验基础上，将金融支持的资金链、技术创新的价值链和创新型新兴产业的产业链结合起来，通过政府安排的引导作用和制度创新的利益驱动作用使社会资本导入创新产业的金融支持体系，其中金融市场是支持体系的重要环节。俄罗斯金融市场是一个银行主导型的金融体系，这从信贷机构与非信贷机构的资产规模比较可以看出，银行资产规模具有显著优势特征。俄罗斯金融市场建立较早，然而发展和繁荣却是在全球化背景下的近10年间，其中有价证券市场化发展、跨境投资交易规模扩大和世界金融中心竞争加剧尤为突出。这在俄罗斯本身看来是有进步的，但横向比较而言，金融市场建设仍需多方面努力完善。由此形成了俄罗斯银行融资集中度高，股市和债市及基金市场融资能力疲弱的特点。在此情况下，俄罗斯新工业化阶段战略性新兴产业从孵化期向产业化发展过渡中，股市和信贷双轮驱动创新经济是如何发挥作用的？金融业增加值的经济贡献度如何？这些疑问既出现于俄罗斯的金融发展阶段，也是转型国家普遍关注和存在的问题，因此本书将从以下几个方面与读者共同探讨！

根据上述动因与现实意义，本书的内容分为正文与附录两部分。正文第一章～第八章主要围绕俄罗斯新型工业化中金融支持战略性创新产业发展进行论述。附录 1 和附录 2 则是为正文分析提供更充实的经济背景资料。

第一章绪论介绍了研究的目的及意义，梳理理论研究基础并对相关文献进行综述，提出本书研究角度，即沿着“金融安排—新型工业化—经济增长”的逻辑，剖析俄罗斯新型工业化进程中的金融支持问题。

第二章～第四章梳理金融发展与经济增长理论，探寻不同金融制度范式下金融安排与战略性创新产业发展的关系，抽离出战略性创新产业的金融支持体系，并通过典型金融制度国家在产业结构调整中金融实践比较，进一步印证一国创新产业化发展中金融制度的有效路径安排，为转型国家金融改革提供理论指导与应用借鉴！

第五章主要阐述了俄罗斯经济发展阶段与产业结构调整的历史沿革。通过梳理俄罗斯经济产量长期下降（1991—1998 年）、经济恢复增长（1999—2008 年）和后危机时期经济盘整与西方制裁叠加（2009 年至今），揭示出俄罗斯新型工业化的产业结构基础和当前国内外环境对经济调整的桎梏。

第六章主要阐述了俄罗斯金融制度的组织体系。这是俄罗斯新型工业化时期战略性创新产业赖以繁荣发展的融资体系，即以俄罗斯银行为领导、商业银行为主体、非银行金融机构分工协作的金融组织架构。然而石油收入锐减与金融封锁直接引发俄罗斯国内货币市场流动性持续紧缩，导致俄罗斯商业银行、金融市场和保险市场审慎维护金融秩序的同时，努力拓展和推进创新产业所需的融资途径。

第七章和第八章主要阐述了俄罗斯新型工业化的演进与融资安排，并追踪金融支持现状。依据金融支持战略性创新产业发展理论对俄罗斯金融体系进行研判，寻找俄罗斯新型工业化进程中金融支持不足的深层原因。

附录 1 主要围绕俄罗斯建立离岸金融中心的战略意义与路径选择进行论述。离岸金融中心作为国际资本市场的战略要地，在经济全球化的今天备受各国政府瞩目，新兴经济体愈加希望通过离岸金融中心的建立促进本国经济实力的提升。俄罗斯政府一边规范实体企业经营，另一边为创造和丰富企业的生存发展环境提出构想，即在远东地区建立新的离岸金融中心，选址位于萨哈林岛、千岛群岛。梅德韦杰夫指出：“这一构想存在风险，但无论如何，远东地区都需要新的机制来促进其发展！”

附录 2 主要围绕金融异化对俄罗斯卢布汇率的影响展开讨论。卢布汇率变化与国际油价波动紧密关联，二者均是俄罗斯制定国家宏观经济政策的主要依据。国际游资将金融市场已出现明显内部缺陷的国家或地区作为冲击的首选目标，同时冲击其外汇市场和资本市场，而大宗商品交易成为紧密连接两个市场的不二之选。石油纸货交易价格的波动对俄罗斯卢布实际汇率产生重大影响，并通过一系列传导机制的发挥扰动其国内金融稳定。这在俄罗斯新型工业化阶段金融体系保障创新产业高转化率产生深远影响。

本书通过正文与附录相互照应，围绕俄罗斯金融体系支持科技创新发展，极力在尽可能的范围内进行探索研究。总的目的是希望通过金融安排促进科技创新产业这一角度，探讨俄罗斯目前新工业化下金融发展进程和影响因素，为读者提供了解和认识俄罗斯金融体制改革和发展的窗口。

编　者

2017年9月

目 录

第一章

绪　论

第一节　研究背景与目的

后危机时期，转型国家纷纷借助全球经济复苏契机进行国内经济深度改革。俄罗斯在2008年2月出台文件《面向2020年社会经济发展战略规划》，后经数次修订，已成为一部集合俄罗斯乃至世界各国智慧，旨在为俄罗斯未来发展定位的纲领性文件。时任俄联邦总理的普京表示，“我们的目标主要是实施经济多元化，鼓励更多创新，提升国际竞争力，并积极防御国际市场上的冲击。”由此，俄罗斯再次以创新拉动经济多元化为目标的经济转型大幕正式拉开。2014年以来，俄罗斯面临欧美联合制裁和石油危机的双重压力，国家创新战略计划转向了进口替代战略的反危机计划，迫使俄罗斯新型工业化改革转入新的进程。

一、研究背景

俄罗斯垄断型经济是叶利钦改革留下的陈疾，它制约着经济社会中工业设备更新和产业化创新，导致俄罗斯难以实现持续快速发展。2012年时任总理的普京在其竞选纲领中着重强调并承诺，要改变技术落后的局面。然而近年来，国际油价下跌和欧美联合制裁严重影响了俄罗斯固定资产投资和外商直接投资。在全球大多数国家跃跃欲试抢占第六次科技发展先机之际，俄罗斯技术发展仍停留在科技革命的第四阶段。众所周知，科技是“第一生产力”、资本是“第一推动力”，两者有机高效对接是提升后发国家创新能力、促进经济可持续发展的重要途径。而金融资源动员能力和资源配置能力以及风险转化能力的充分发挥与否，决定了本国创新产业发展的路径、规模和效果。

金融制度安排支持不足制约了俄罗斯创新能力的提升。技术创新的主体是科技型企业，而科技型企业既是知识密集型产业，也是资本密集型产业。欧美发达国家研发费用/GDP总值均为3%～5%，并将其中67%用于科技型企业产品研发与生产。俄罗斯研发费用/GDP为2%，并且大部分科研资金流入基础研究，应用领域开发投入资金比例偏低，导致科技成果难以转化为产业投入。稳定的投融资来源缺乏不仅使技术创新项目研究受到限制，而且使大批技术水平高、市场前景好的高新技术项目不能实现产业化和商品化。解决产研转化资金短缺问题可以采取自筹资金、政府拨款、社会筹资、金融业提供贷款支持以及争取外资等渠道。当前俄罗斯国内进行的新型工业化处于创新时期与进口替代时期的叠加阶段，而外部国际环境正在经受欧美联合制裁和油价下跌的双重压力，受财政收入规模缩小的影响，俄罗斯政府拨款规模较难有大幅度提升。因此，积极争取社会融资并且支持企业筹资形式多样化，走科技与金融结合的道路是比较符合目前实际情况的选择。

二、 研究目的

本书研究的目的在于，以技术创新活动风险不确定性产生交易成本不确定为研究切入点，基于系统科学的金融功能视角探索金融安排的技术创新功能，并以俄罗斯新型工业化的实践为背景，探讨俄罗斯创新与进口替代战略下金融制度支持的设计与实践的差距，从而得到对转型国家金融制度改革的有益建议。研究最终实现目的如下：

一是梳理科技创新金融安排范式。在该模式下实现融资风险的平滑和转移，促进技术转化为生产力。因此着力探讨转型经济体走过了劳动密集型时期、资本密集型时期进入知识密集型时期后，在借鉴国际先进国家经验的基础上，发掘适应本国的金融制度范式。对于该问题的分析解决，将揭示金融安排是如何促进技术创新，以及金融安排在推动技术创新过程中扮演什么角色、承担什么样的职能等问题。

二是分析俄罗斯金融安排促进技术创新功能的实现程度。俄罗斯推行新型工业化后，创新战略和进口替代战略的实施在多大程度上得到了来自金融方面的支持？如果来自金融方面的支持不足，那么在技术创新过程中经济体又是如何规避金融方面的约束与限制的呢？

三是探寻促进我国技术创新功能的有效途径。秉承理论服务实践的原则和理念，观察分析俄罗斯新型工业化战略的金融支持路径与效果，凝练提升出对我国以及转型国家金融制度改革的有益借鉴。

第二节 理论研究基础及相关文献综述

本书是以金融发展与经济增长关系为理论基础，二者相互促进过程依序经历古典与新古典时期的金融对经济影响理论、金融发展理论、信息费用理论等。古典经济时期亚当·斯密首先发现，适当的银行活动可以促进经济的发展，然而对“适当的银行活动”并没有进行详细说明。穆勒随后对“适当的银行活动”以信用的角度给出了具体的解释。熊彼特则是在经济与金融发展中强调了“银行家的”功能，“他——银行家是产业和资金的有效黏合剂!”与此同时，阿罗-德布鲁范式下的金融与经济关系中强调，只要货币是不存在货币幻觉的内在货币，并且在物价和利率保持稳定的条件下，货币对经济的调节将不发挥作用。

史密斯(Smith)利用世代交叠模型进行了理论上的证明，他指出当金融市场的交易成本较高时，一个经济体只能选择那些发展期较短的技术。而只有交易市场的活动效率逐步提高后，市场才会倾向选择那些发展期较长的技术，这些技术也暗含高投入和高产出。当这种技术的产出率足够大时，就会给经济增长带来显著的影响。也就是说，金融市场会直接影响到技术的选择，从而给一国的均衡经济增长率带来深远的影响。

西方经济学界针对流动性风险建立了金融市场模型，深入探讨了金融安排、流动性与技术创新之间的关系。在Diamond-Dybvig(1983)模型从博弈论多重均衡角度论证了商业银行经营中存在因流动性下降与信用危机爆发而导致的银行挤兑风险，建议引入消除存款人挤兑预期的政府监管与保障性措施，维护银行负债稳定，进而激励充足的资金投入低流动性、潜在回报率高的项目上去。当该类项目产生较强外部效应时，金融市场自由的流动性便会促进新技术产研转化率进一步提升。

以上理论研究多从银行与证券市场角度进行分析和探讨，并且相关文献将不变生产函数作为研究的假设或理论起点，然而这些研究忽略了金融对于技术创新的特殊作用，如金融对于技术的创新、管理、实施环节的相关信息收集功能。20 世纪 80 年代后，风险投资在技术创新活动中的作用逐渐显现，特别是在风险投资进程和风险工具的选择上引起广泛关注。

麦克米兰(MacMillan)等学者从风险投资者对项目贷款前的筛选和投资后的追踪方面研究得出结论：一是风险投资者在项目筛选中更注重企业技术的创新性和员工的整体素质；二是风投资金贷出的同时也为企业提供了后续增值服务，这一行为既为企业提供了融资活动指导，又防范了企业道德风险的逆向选择。同时他们还观察了风险投资者对金融工具的选择后指出：资金规模小、多样化程度低的风投者优先选择普通权益类工具，反之则会进行资产组合等方式进行。①

萨尔曼(Sahlman，1990)对风投过程中的委托代理进行了研究并指出，金融市场中道德风险与逆向选择一直存在，并在原始投资者、风险投资家和风投企业之间博弈。他发现风投者可以通过运用多种激励机制和金融工具为风险企业提供信息和激励，其中包括债券工具和股权工具的搭配与转换等，这些机制能够有效地降低信息不对称程度，因而是风险企业治理机制中最重要的组成部分。

沃恩和卡萨瑞(Warne&F. Katharine，1990)等研究重点集中在风险投资中介的增值服务方面。他们发现，科技创新型中小企业创业者在寻求融资服务的过程中，通常会将所需融入的资本分散找寻不同的投资者，以便得到每一位参与融资的风投企业承担有限责任。这样做可以避免一支独大的风投企业在为创投企业提供信息增值服务的同时左右风投企业的利润分配和经营决策。

纵观金融发展理论的历史演进，金融发展理论始终围绕着两个命题探讨：一是金融自由化与经济增长的关系，二是金融制度安排与经济发展的关系。这些丰富的研究成果均为本书的研究提供了坚实基础。随着转型国家经济市场化和工业化进程纵深推进，对金融制度的需求也呈现出多元性。然而这种类型国家金融体系内存在着激励机制和风险分散机制等不足，因此在解决企业融资难、科技产业化程度低等问题时出现支持乏力，致使工业化速度受到严重影响。

尽管学者们已经就技术创新对经济增长的重要性进行了充分的论证并得到社会共识，但是对转型国家的金融制度安排在技术创新产业过程中的支持问

---

① MacMillan，I. C.，Siegel，R. and SubbaNarasimha，P. N.（1985）. Criteria used by venture capitalists to evaluate new venture proposals. *Journal of Business Venturing*，1，119-128.

题研究仍显不足。转型国家中俄罗斯的金融制度具有典型性。就俄罗斯金融制度与新型工业化发展问题研究方面，国内学者主要集中于俄罗斯国家创新战略、俄罗斯进口替代策略和俄罗斯宏观货币政策角度，因此本书选择的角度是沿着“金融安排—技术创新—经济增长”的理论逻辑，研究俄罗斯新型工业化进程中的金融支持体系。

第三节 研究创新与研究方法

本书进行了积极努力的尝试，并希望在理论和应用中有所突破，创新点主要围绕以下两个方面进行。

一是在金融发展与战略性创新产业关系方面，本书以产品生命周期为依据，以企业融资的啄食顺序原理为指导，尝试将金融螺旋理论与国家禀赋论结合，形成转型国家创新战略金融支持模式。

二是俄罗斯自1998年金融危机后开始采取了审慎宏观管理办法，对利率、汇率、M2等货币政策中间目标严格监控。2010年后《新巴塞尔协议》在该国的贯彻程度不亚于我国执行《新资本充足率管理办法》的监管力度，那么在金融安全监管严格和资本市场完全放开的情况下，俄罗斯金融创新是如何支持科技创新的？金融支持的效果又是如何呢？这既是本书研究的重点，也是本书研究的创新点。

第二章

金融发展与经济增长理论

第一节 传统西方经济理论中关于金融与经济关系的论述

理论界关于经济发展与金融制度供给间的促进与抑制关系的讨论一直争论不休。古典经济时期经济学家并不严格区分经济名义变量与实际变量,在他们的眼中,世界是混合而完整的,金融是这个世界中的一环,并且是必不可少的一环。立足于一般均衡分析和阿罗-德布鲁范式的新古典经济学家则区分了经济名义变量和实际变量,分别考察虚拟金融与真实的经济世界。在他们的模型中,金融体系和金融工具被证明是多余的,经济名义变量和金融世界将不会影响到经济真实变量和真实经济因素。

自亚当·斯密以来,古典、新古典经济学家关于金融与经济的论述代不乏人,薪火传承的同时也存在思想的激烈碰撞,令这一问题的讨论历久弥新。亚当·斯密(Adam Smith,1776)在其著名的《国富论》中以特有的笔触对金融与经济的关系描述如下:"慎重的银行活动,可增进一国产业,但增进产业的办法不在于增加一国资本,而在于使无所用的资本大部分有用,本不生利的资本大部分生利。慎重的银行活动可使资本盘活。"而对于什么是"慎重的银行活动"以及慎重行为失当将会产生何种程度的严重后果等问题未展开描述。穆勒(Mill,1848)在关于货币转化为资本的描述中谈到了信用中介可以实现资本从甲手中到乙手中的转移,并且是转给能够在生产上更加有效地利用资本的人手中,但是过度信用则对经济产生危害。他观察到"商业恐慌"和商业危机大多与"信用的急剧扩张和收缩"相联系。"在投机狂热像流行病般发作时候……即使没有增加货币,也没有票据信用的增加,只靠账面信用扩大而扩大购买,所有商品的价格将大幅上升。一段时间后商品的买进者需要出清货品的同时又要争相降价，于是价格大跌导致经济剧烈波动进而发生商业危机。”[①]如果说在穆勒对货币的讨论中是展示了信用创造中货币转化为资本的过程，那么熊彼特(Schumpeter，1912)则是将这一过程中的银行家作用剖析得更为透彻。熊彼特发现经济发展实质是生产要素的重新组合；银行信用在经济发展中的重要作用在于为生产要素的新组合提供必要的购买力。这种购买力并不是源于银行吸收的储蓄，也不是源于真实票据的贴现，而是源于银行的信用创造，这其中银行家是信用创造过程中的关键人物。[②]

综上所述，古典经济学家认为货币金融部门职能已从充当交换媒介桥梁转变为社会资源优化配置的一个枢纽环节。与古典经济学家不同，新古典经济学家中主流学派严格区分了经济名义变量和实际变量，从而使货币金融与经济的关系被重新审视。新古典经济学框架下，在假定一切货币都是内在货币且不存在货币幻觉，对价格水平和利率水平保持静态预期的前提下，由于存在货币与财富的替代效应，货币量的变化和货币政策对实际的经济变化不起作用。[③] 根据瓦尔拉斯一般均衡模型推论可知金融机构的决策对其他部门并无影响和经济名义变量不会影响实际变量的结果，金融发展与经济增长无关。而新古典经济学家中的另一派别着眼于宏观经济层面，他们在秉承了凯恩斯宏观经济理论渊源的基础上，通过对新古典经济学模型的修正，发现并提出了在经济增长的长期过程中金融发展起到了关键作用。金融发展理论由此开始充实、繁荣，并将其视为经济、金融关系的“新起点”。

第二节　金融发展理论中金融与经济关系论述

早期的金融发展理论秉承了凯恩斯的宏观经济分析思路，但摒弃了凯恩斯的短期分析视角，关注并追踪金融发展与经济增长之间的长期关系。金融工具

① 穆勒.政治经济学原理[M].北京：经济科学出版社，2002.

② 熊彼特.经济发展理论[M].北京：商务印书馆，1990.

③ 瓦尔拉斯—希克斯—帕廷金(Walrus-Hicks-Patenting)传统的模型中，货币不过是理论结构中的一个知识附属物。于是，“在生产要素具有完全流动性，价格相当灵活，具有完全可预测和充满竞争的财富观中，金融体系没什么作用。卢卡斯(Lucas，1988)就认为经济学家们过度强调了金融发展和经济增长的关系”。

和金融机构的迭代更新扩展了金融的服务功能、丰富了金融政策的作用路径、促进了长期经济增长。

格利和肖(Gurley and Shaw,1960)区分了内在货币与外在货币,将金融机构划分为货币系统与非货币系统。这种划分区别于"净额货币论"只关注外在货币的缺陷。格利和肖指出在经济中同时存在两种不同性质货币时,货币对经济的作用一定是非中性的。[①] 以此为基础他们进一步考察了经济中的金融作用,并认为在只有货币而没有其他金融资产的情况下,储蓄、资本积累和储蓄转化率的有效性均受到抑制,这种抑制又阻滞了产出与收入的增长速度。因此,"不成熟的金融制度本身就是经济的羁绊。"[②]美国经济学家帕特里克(Patrick,1966)认为,在金融发展与经济增长的关系上存在两种模式:一种是"需求追随"(demand-following)模式,即随着经济的增长,经济主体对金融服务产生扩展需求,使得金融体系不断发展,导致金融制度组成中的金融机构、金融资产与负债和相关金融服务不断推陈出新,这其中强调的是经济需要推动金融发展。另一种是"供给领先"(supply-leading)模式,即突出金融制度的供给先于经济发展的需要,强调金融服务的供给方对经济的引领作用。[③] 就理论界对这两种模式的认识而言,"需求追随"模式更凸显金融制度对经济发展的配套服务功能,因此,"供给领先"模式常被忽视。但在实践活动中,由于经济发展阶段不同而存在两种模式并存且相互交织的状态,尤其在经济发展的初期阶段,"供给领先"模式较"需求追随"模式更能发挥金融制度优势。随着经济活动的拓展,资本存量与实际产出之间的正相关关系愈加明显,适宜的金融制度将直接影响资本存量的积累进度和配置效率。希克斯(Hicks,1969)考察了英国工业革命时期的经济增长与金融关系后发现,世界普遍认为的技术创新成就了工业革命的说法,在他看来两者不是或者至少不完全是直接结果。因为新技术的投入需要大量的资金投注于长期且非流动性的特定项目研究中,而没有有力的金融支持是不易

---

① 格利和肖对内在货币、外在货币做了区分。内在货币(inside money)是由私人金融机构负债组成的货币。外在货币(outside money)是指在政府购买商品和劳务时或在进行转移支付发生时使用的货币。

② Gurley, J. and E. Shaw. Financial Structure and Economic Development [J]. *Economic Development and Cultural Change*, 1967(15): 257-268.

③ Hugh T. Patrick, Financial Development and Economic Growth in Underdeveloped Counters[J]. *Economic Development and Cultural Change*, 1966(2): 174-189.

做到的，所以此时的金融市场繁荣是英国完成工业革命的保障。①

早期金融发展理论为后来蔚然成体系的金融结构论、金融深化论和金融约束论奠定了基础。戈德史密斯(Goldsmith，1969)通过比较金融的视角观测了35个国家近200年的金融发展变化后提出了金融结构论(financial structure theory)。其发现金融工具、金融机构和金融结构是构成一国金融发展的基本要素，在三者的相互作用下一国金融与经济呈现平行发展的道路轨迹，无论是发达国家还是发展中国家均沿着这一道路前行。然而若以主要金融机构的所有权和金融工具的丰富度来看，这两类国家表现出了在一条道路前进中的两种类型发展轨迹。一类是以美国、英国为典型代表的金融机构私有化和金融工具多样化的轨迹；另一类是以拉美、非洲、东亚等发展中国家为典型的政府参与金融机构的所有权与经营权且金融工具欠丰富的轨迹。戈德史密斯认为发达国家的金融对发展中国家有示范效应，两类国家的金融中介率差距正在逐渐缩小，并且发展中国家金融资产持有的"机构化"和金融工具的多元化均在向发达经济体靠拢。②

麦金农和肖(R. I. Mckinnon and E. S. Show，1973)观察"二战"后发展中国家的经济与金融关系后发现：发展中国家普遍存在"金融抑制"现象，即政府干预金融机构活动的程度深，人为压低资金价格使金融工具创新不足，因此提出了金融深化理论(financia deepening)。理论内容主要强调通过利率自由化、汇率和贸易自由化以及金融机构自由化来消除发展中国家金融抑制现象，促使金融对宏观经济产生收入效应、储蓄效应、投资效应和创新效应。其中特别是创新效应强调当金融资产支付的利率大大高于现有技术条件下的投资边际效率时，就会促使一些企业放弃落后的生产线，将资金抽离出来用于技术革新和产品创新。麦金农和肖的金融深化论在其后兰依和萨拉卡格鲁(Lanyi and Salacoglu，1981)为IMF撰写的《发展中国家利率政策》和盖尔博(Gelb，1989)为世界银行提供的一份分析发展中国家利率的报告中都得到了实证方面的支持。

发展中国家特别是那些计划经济向市场经济转轨的中东欧国家，大爆炸式

---

① Hicks J. A Theory of Economic History[J]. L. Oxford University Press，1969：44.

② Goldsmith，Raymond W. Financial structure and development[J]. Yale University Press. New Haven，1969.

的经济自由化与金融自由化改革对本国经济产生剧烈震荡。这一现象印证了麦金农(1991)指出的"不恰当的金融发展和过快的金融自由化不仅不会促进经济增长,反而会加剧经济波动,甚至引发经济危机"。[①] 这使人们开始关注金融发展进程中金融抑制向金融深化的转变不是简单翻转一枚硬币的两个面一样,而是存在一个"度",且遵循循序渐进的过程。过度的金融自由化对经济产生的冲击已经被证实,然而适度的金融抑制是否能促进经济平稳增长?由此以赫尔曼、默多克和斯蒂格利茨(Hellmann,Murdock and Stieglitz,1997)为代表的经济学家展开讨论并提出"金融约束论"。[②] 赫尔曼的观察中发现现实经济存在市场阻力,信息不对称引起的道德风险和逆向选择行为导致金融市场难以有效运转,因此针对金融机构和金融工具的使用提出若干约束政策,包括限制银行业过度竞争、干预存贷款利率和资产替代等措施,其目的在于使金融经济活动回归稳定。政府政策工具的选择和使用中应格外注意"度"的把握,适度的金融约束是经济完全市场化实现之前的权宜之计和金融深化的必经阶段,过度使用则容易使政策效果滑向"金融抑制"一面。斯蒂格利茨强调政府介入金融市场活动必须明确市场活动是主体和政府政策是补充的前提,遵循商业原则,进行指导性信贷政策。其通过观察东亚赶超型国家政府指导性信贷政策发现,这类国家主要将信贷资产贷放给有创新活力的私人企业。为预防私人企业贷款挪用他图,指导性信贷政策要求私人企业在一边获得政策性贷款的同时增加本企业的权益资本,从而达到培育创新产业或已有产业顺利调整的目的,继而政府逐渐淡出企业外源性融资的指导地位。

第三节　信息费用理论中金融与经济的关系论述

信息费用理论的提出是经济学家在假定市场中信息费用不为零的前提下,金融对经济的作用机制研究。这一过程主要发生在市场存在阻力,投融资双方物物交换的耦合发生率被大大降低,为金融市场与中介的产生提供了客观条

---

① 麦金农.经济市场化的次序——向市场经济过渡时期的金融控制[M].上海:上海三联书店,1997.

② Thomas Hellmann,Kevin Murdock and Joseph Stiglitz."Financial Restraint:Towards a New Paradigm" in The Role of Government in East Asian Development:Comparative Institutional,Oxford University Press:Oxford,1997:163-207.

件。不同“国家禀赋”的金融中介通过金融系统职能发挥，增进一国的资本积累和技术创新，从而促进经济增长的目标。[①]

莫顿和博迪(Merton and Bodie,1995)探讨了在阿罗-德布鲁范式中信息与交易费用不为零的前提下金融对经济的作用。他们认为，投融资双方希望降低获取信息费用和交易成本的初衷为金融机构和金融市场的出现提供了激励。不同类型的信息与交易费用及其不同组合催生了不同的金融合约、金融机构和金融市场，这使各国家的金融中介特征表现纷呈。[②] 莱文(Levine,2004)认为，在不确定的环境下进行资源跨地跨期配置时，金融系统职能的发挥为投融资双方降低交易费用和信息费用提供了可能。金融系统的职能包括信息生产与资本配置、公司监督与管理风险管理、动员储蓄、便利交易。[③]

金融市场的信息生产与资本配置职能方面，格罗斯曼和斯蒂格利茨(Grossman and Stieglitz,1980)认为信息费用昂贵，价格不能完全反映可用的信息部分。未来随着股票市场的广度、深度与弹性逐渐变强时，中介机构将更有动力研究上市公司，因为流动性大的市场更容易获得信息利润。[④] 而相反盖罗和扎伊拉(Galor and Zaira,1993)认为，资本市场的不完善阻碍了人力资源的投资进而影响了经济发展。格林伍德和约沃诺威克(Greenwood and Juvanjvic,1990)认为，股票市场公司管理规范与市场条件的改善，将激发金融中介产生更有效的信息，促进资源配置和提高经济增长率。金和莱文(King and Levine,1993)、加拉托维奇(Galetovic,1996)等进一步明确指出金融中介的效率，即甄别并引导资金流向经营效率显著的公司，同时再次凸显了熊彼特的银行家

---

① 国家禀赋论(马勇，陈雨露，2004)不仅包括一国特有的自然资源，同时还包括经济、政治、文化、社会制度等因素。通常选择市场主导型金融中介的国家禀赋表现出：政治制度方面是民主决策机制和个人主义占主导地位；经济基础设施、市场网络完善且市场信息处理效率高；文化习惯上表现出较强的外向型特征，即崇尚自由且注重实现个体价值的海洋文化；在社会法律方面契约精神特征明显等禀赋，那么这类国家通过市场方式组织和分配资源就会达到成本低效率高的目的。而金融中介是以银行主导型为主的国家禀赋表现为：政治制度方面是集体主义和集中决策制度是主体特征；文化习惯方面是内敛型传统文化，崇尚权威和追求集体价值体现；社会法律制度方面主要执行的是大陆法系国家，法律执行过程中仍需政府介入帮助部分市场参与者维权。

② Merton,Robert C. Mark-to-Market Accounting for Banks and Thrifts: Lessons from the Danish Experience[J]. *Journal of Banking and Finance*,1995(3-4): 461-481.

③ Levine R. “Denying Foreign Bank Entry: Implications for Bank Interest Margins” In Bank Market Structure and Monetary Policy,Banco Central de Chile,Santiago,2004: 271-292.

④ Sanford J. , Grossman and Joseph Stiglitz. On the Impossibility of Informationally Efficient Markets[J]. *American Economic Review*,1980(70): 393-408.

观点。

金融系统的监督投资和公司治理职能主要体现在金融中介通过增强企业管理来影响经济增长率，同时金融中介的效率将影响资本流向。本西温格和史密斯(Bencivenga and Smith,1993)认为，金融中介借助完善的监管体系可以改善企业管理，提高资金在企业中的利用率，扩大生产量、增加企业资本积累进而促进经济增长。后来，苏斯曼和哈里森(Sussman and Harrison,1993)等通过模型检验也证明了中介促进资金流动并对经济产生积极影响。柏一德和史密斯(Boyd and Smith,1992)在考察了多个类型的金融中介后提出，不同国家金融中介质量的差异在很大程度上影响国际资本流动，进而影响一国经济增长。

金融系统的风险管理职能主要表现在跨部门、跨期的风险分散和化解流动性风险三个方面。20 世纪 90 年代初期以莫格雷为代表的一批经济学家认为，在资本短缺、人们对风险的厌恶和高风险一定高回报的项目不多的前提下，投资者往往会保守投资。如果能建立起多样化的投资组合选择来达到降低投资风险的目的，这将有利于促进经济增长。金和莱文论证了在技术发生改变时，多样化投资组合有利于降低创新活动风险、促进资金投向创新活动并带动其向生产转化。由此金融系统缓解系统性风险、加速技术创新和转化生产及促进经济增长的职能得到有效发挥。

第三章

金融发展与战略性新兴产业发展的关系

从金融契约的视角出发，金融市场为参与者提供了不同性质与特征的金融合约类型。比较静态下从撮合契约完成的主体来看，金融结构特征主要表现为资本市场主导型和政府主导型两大模式；从动态展望下则呈现出未来主要是资本市场主导型金融创新螺旋向前发展的态势。

第一节　金融创新螺旋论下的资本市场主导模式

经过资本市场漫长的演进和发展，企业融资方式选择发展出了“啄食顺序理论”(the pecking order theory)，即企业融资遵循由内源融资到外源融资的过程。内源融资的累积主要来自企业留存和折旧，外源融资渠道主要是通过债务融资和股权融资方式完成，而二者又体现出债务型融资优先于股权融资的特征。因此形成了企业融资的“啄食顺序”依次是首先以内源融资为主，其次是银行贷款和债券融资，最后才是发行新股筹资。根据企业外源融资是采用二次契约方式还是一次契约方式完成，形成了银行主导型和资本市场主导型两种市场主导模式，并且经过“南海泡沫事件”“密西西比泡沫事件”和“郁金香热事件”的洗礼，这两类融资模式发展成了两种典型的金融制度结构。

一、 资本市场主导型模式

资本市场主导模式是企业外部融资中股权类融资为主、债权类融资为辅的模式。这一模式在金融市场的信息处理、公司监督治理和风险分担方面表现出独有的特征。

资本市场主导模式的国家拥有大量的公开上市公司，并被要求广泛公开公司财务与经营管理活动的相关信息。由于证券市场上资产价格是多种信息的综合反映，因此在金融市场上同时存在着众多的分析师为共同基金、养老基金和其他中介机构工作，密切关注企业与市场动态，分析处理这些信息。这其中资产价格在资源配置方面有三个重要功能：一是资产价值的指示器，二是资产价格偏离市值的风险显示器，三是资产投融资双方的信息集成器。[①]

股票价格的波动与变化已经成为证券市场上委托代理机制的效率反映。如果我们忽略资本市场上那些不具备资金优势和信息优势的个人投资者的情况下，那么市场上基本存在两大类参与者，即个人投资者委托的机构投资者和公司董事会委托的公司管理层。而这两类参与者也希望通过股价获取相关信息。道和戈登(Dow and Gorton，1997)对股票价格信息进行分析结构后指出，股价信息有回顾性功能(a backward-looking or retrospective role)和前瞻性功能(a forward-looking or prospective role)。透过股价回顾性功能，投资者可以发现公司管理者的决策质量；而通过前瞻性功能，公司管理层将分析市场投资者对公司所处行业、本公司发展的展望和信心，进而影响到公司治理。股价波动产生的信息流对公司管理层冲击产生了“用脚投票”机制和兼并接管机制的结果，充分显示了资本市场的公司监督治理功能。[②]

金融市场的风险分担功能为投资者提供了对冲异质风险(hedge idiosyncratic risks)的资产组合工具。投资者面对市场风险通常采取的策略是既可以将风险转出，也可以使用套期保值平滑风险。由此产生出两类风险分担机制：一类是横向风险分散，即在既定的时点上不同的投资者进行风险互换的市场操作；另一类是跨期风险平滑，通过金融衍生工具进行风险跨期平均化，此类方法银行主导型模式运用较多，金融机构通过不断改变和持有风险低、流动性强的资产来减少风险。资本市场主导型模式可以帮助投资者化解横向风险，因为众多投资者在某一既定时间对风险感受不同，此时金融市场扮演了表达不同投资者不同意见的平台。

---

① Franklin Âllen and Anthony M. Santomero：“What do financial intermediaries do?” *Journal of Banking and Finance*，2001(25)：271-294.

② “用脚投票”机制是当企业股票价格大幅度下跌时，董事会便会认为经理人表现不佳，从而很可能将其撤换，这就是“用脚投票”对企业经理人的约束机制。“兼并接管机制”通常发生在企业经营状况不佳，经营业绩下滑时，当股票价格远远低于股票价值时，该公司的多数股权极易被其他机构投资者收购，导致董事会重新遴选公司经理人。

二、银行主导型模式

依据企业融资的啄食顺序原理，企业外部融资主要依靠发达的银行系统进行间接融资为主的模式被称作银行主导模式。银行系统依靠自身优势完成动员储蓄、公司治理、信息处理、风险平滑等职能。通过20世纪80年代信息经济学和博弈论运用于金融学后产生的微观金融理论，令我们更加清晰地认识到银行主导模式中，金融制度可以通过银行的审查和监控行为、银行流动性供给、银行贷款承诺与债务重组等机制影响到实体经济。

金融市场存在信息不对称导致的借款人道德风险和逆向选择等问题，严重制约着金融制度效率的发挥。然而银行等金融中介结构通过声誉机制和审查监督职能将借款人的道德风险和逆向选择等可能性降低，并为投资者节约信息成本。声誉机制对借款企业的激励在于，若保持良好用款还款的时间记录越长，借款企业未来向银行融资时的合约价格越优惠。企业与银行之间由此形成隐性的长期合作关系，这既为银行积累了了解企业经营与管理的信息，也增强了银企之间的经济互动与合作加深。已经建立良好声誉的企业可以在银行和资本市场同时融资。银行代理监督理论认为，银行利用信息处理优势对融资项目进行严格的贷前筛选和贷后监督，可以起到减缓和避免借款企业的道德风险问题，同时银行也发挥了代理监督的规模经济优势。与每一个投资者对同一企业的直接监督成本相比，银行代理减少了各投资者的重复监督成本，从而节约了社会总监督成本。①

银行主导模式在流动性供给和平滑风险方面也发挥积极作用。布莱恩特(1980)和戴蒙德(1983)分析总结了银行负债业务流动性供给功能。消费者的消费需求具有随机性，如果没有金融中介存在，那么消费者随时兑付清算资金的需求将不能得到及时满足，进而造成项目资金链断裂的后果。因此银行中介契约可以在保证资金拥有者的合理收益前提下，使融资者的项目资金使用具有稳定性和持续性。艾伦和盖尔(2004)认为银行主导型金融制度对跨期风险分担更有优势。这是因为银企间的长期合作关系有利于银行熨平经济周期对存款人和贷款人经济福利带来的波动。而这种风险跨期平均化在市场主导型金

---

① Diamond, Douglas W. Financial Intermediation and Delegated Monitoring [J]. *Review of Economic Studies*, 1984-07(51): 393-414.

融制度中很难实现,因为金融市场上既定时刻下的竞争使投资者和企业之间失去风险共担机制。

三、 金融创新螺旋理论

无论是银行主导模式还是资本市场主导模式,实际都是金融服务当期经济发展阶段的模式选择,并与该时期的产业结构有密切关系。当生产力进入信息技术革命时代,各国产业结构均步入重大调整阶段。银行和资本市场在面对科技型企业时谁会更容易接纳这类企业的投资预案呢?这主要取决于项目风险的平滑与跨期能力及成本收益的比较。对于传统产业、技术更新比较慢、产业结构相对稳定的条件下,关于监督企业的信息成本方面投资者容易做出一致的判断,此时银行主导模式具有比较优势。而对于新技术和新产业而言,投资者不仅要面临新兴技术培育期风险和商业开发期风险,而且想要获得产业周期内投资项目潜在利润和隐含风险等信息也比较困难。因此当进行新技术项目投资时,即使面对同样的项目公开信息,投资者也会表现出“仁者见仁,智者见智”的判断和选择。于是艾伦(1992)考察了股票市场和银行融资后给出的结论是资本市场是更容易综合不同投资者观点的地方。信息成本一定的条件下,当一国产业结构以农业或传统工业部门为主时,一个稳健、高效的现代银行体系为主的金融制度更能促进经济增长;当高新技术产业成为一国产业的主要组成部分时,以发达的资本市场为主的金融制度更能鼓励技术创新与保持经济增长的活力。①

银行主导型与市场主导型两种金融结构模式孰优孰劣的竞争犹如固定汇率制与浮动汇率制度的比较一样难分伯仲。莫顿和博迪(1993,1995)从金融结构功能出发,采用比较静态和动态的两种方法观察发现,两种模式之间存在相互依存与竞争关系,并且竞争的结果是两者差异的边界模糊化,由此提出“金融创新螺旋理论”。在两种模式下跟随金融服务的路径,我们发现银行和资本市场之间的确存在竞争关系,然而随着金融服务的发展、成熟,两种市场模式之间的互补性增强。金融衍生品工具的发展从银行的定制化交易逐渐规范成为资本市场标准化普适交易过程就是两种市场模式依存与竞争的结果。竞争表现

① Gale,Douglas,Allen,et al. Stock price manipulation[J]. *Review of Financial Studies*,1992(5):503-529.

在面对新的风险时，二者各自创新避险工具，然而银行为资本市场提供了大量而批量投入使用的工具，同时银行等金融中介又在积极参与衍生品市场交易对冲风险。产品创新不断、市场交易活跃激励商业银行资本市场的差距弥合、相互改善并螺旋发展，并向着“动态一般均衡的完美市场演进”！

第二节　国家禀赋论下的政府主导模式

在经济全球化向前发展的过程中金融自由化改革与完善的脚步从未停止。帕特里克(1966)将金融服务经济的关系分成了需求追随型与供给领先型。需求追随型强调经济增长是金融发展的动因，金融发展适应经济增长的需求。然而金融服务经济增长出现乏力时，由于它的强大外部效应使政府不得不进行阶段性干预，进而形成了政府主导模式的金融服务类型。[①]

一、政府主导模式选择的初始禀赋条件

在经济学研究中市场与政府的关系被归纳为“市场亲善论”“国家推动发展论”和“市场增进论”三种范式。西方发达经济体长期以来按照“市场亲善论”模式演进，认为市场经济的发展是自发渐进的过程，政府在这一时期充当好“守夜人”，维持市场秩序并有效发挥作用。“国家推动发展论”认为，为了弥补发展时期大量存在的与协调资源、投资分配和促进技术追赶相关的市场失灵缺陷而进行的政府干预是必要的。然而这一理论被麦金农和肖发现的“金融抑制现象”冲击，并提出了“金融深化理论”。这一理论实践效果不及预期，即解除不合理的管制和政府过度干预金融活动的约束后，金融市场职能仍然不能充分发挥自我调节作用，反而朝向过度金融自由化方向发展。完全自由放任的金融制度与该时期发展中国家经济发展不符。市场增进论(青木昌彦，穆尔多克，奥野正宽，1996)注意到了“市场亲善论”忽视了发展中国家市场体系不发达、不完善甚至不健全的前提和“国家推动发展论”过度夸大政府干预经济的有效性导致的

---

① 金融的外部效应表现为金融服务在很大程度上具有公共物品的属性、金融体系运行方面具有复杂性和网络关联性。这使得金融市场失灵产生的后果比其他产品市场要严重，依靠金融市场的自我调节和校正机制则需要较长的时间，同时失灵的结果会蔓延，因此需要政府及时调节。

市场扭曲，提出后起经济国家应在加快经济增长方式中寻求转变，充分发挥市场配置资源的基础作用，并配合适时、适度的政府干预，使市场与政府优势互补、协同推进经济增长。与此同时，赫尔曼(1998)也提出了“金融约束论”，强调在金融市场发展初期适度的政府介入有积极作用。

政府与市场都是资源配置不可或缺的手段，二者的三种范式关系昭示出各国的国家禀赋各异。而“市场增进论”和“金融约束论”是对经济自由化与金融深化的发展中国家经济阶段性调整的认识和总结，强调政府在金融活动中的协调作用，有助于缓解发展中国家的格申克龙(Gerschenkron，2009)难题。[①]“二战”以后赶超型经济体均选择了政府主导型模式，供给领先型的金融服务模式使这些国家迅速摆脱了格申克龙困境。帕特里克认为“供给领先型”金融服务在赶超经济体发展的初期作用明显，特别是调动资金从低流动性部门向新兴技术现代部门流入，培育了基础产业的活力并提高了资金使用的效率。然而随着经济发展趋于成熟，金融服务的需求追随模式逐渐代替供给领先模式，政府主导角色终将归还市场。东亚经济奇迹中的“四小龙”“四小虎”和中国均是政府主导模式下金融供给领先服务的成功典范。

这些国家金融服务选择面临基本相同的初始条件，即经济起飞初期国民人均收入偏低、资本积累规模小、富含技术的劳动力缺乏，需求追随型金融服务受到严重制约，国家禀赋上表现出一致的东亚集体主义国家特征。这为政府主导型金融动员和组织资源，促进经济增长提供了可能。后起赶超型国家的初始资源禀赋特征与政府主导型金融模式结合形成了“干中学”经济增长模式。“干中学”经济增长理论把劳动力获得知识的过程内生于模型。当相关知识具有非排他性并公开可得时，赶超经济国家可以通过培训工人或管理人员的方式提高劳动力对技术的认识和掌握；如果相关知识具有专利权的排他属性，政府可以通过制定尊重外商的一系列外商直接投资政策引进先进的技术和管理。最终结果是赶超型经济体的劳动力边际产品及工资将迅速上升至发达经济体的水平。

---

① 格申克龙难题描述的是赶超型国家起飞前存在经济增长的巨大潜力和资本积累严重不足而导致的经济资源的组织与动员发力的难题。这一思想主要体现在格申克龙的专著《经济落后的历史透视》中，商务印书馆，2009 年。

二、政府主导模式的类型与特征

政府主导型金融模式依据政府对金融资源分配的干预方式不同，可分为信贷政策引导型和政策性金融两种类型。

信贷政策引导型方式主要运用于中央银行与商业银行之间的金融活动往来，通过信贷配给的直接干预或窗口指导的间接引流完成。信贷配给的直接干预是中央银行根据产业政策通过公开市场操作直接干预商业银行金融活动。而窗口指导的间接引流方式是中央银行基于对重点产业的相关企业或项目的调查监督，对其经营能力、活力及潜力做出判断后，倡导商业银行对该公司或项目进行融资。①

政策性金融方式主要运用于中央银行与政策性金融机构之间的金融活动往来。政策性金融是金融手段与财政资金的结合，因此形成了政策性金融机构特殊的产权结构，并与财政部和中央银行同时保持密切的联系。政策性金融机构在其经营活动中表现出业务专业性和战略性强、不参与信用创造过程、商业银行的“三性”原则对其不适用、能够较好地体现政策目标等特征。政策性银行业务主要是服务于政府的产业发展和长期战略，业务投放多为农业、贸易进出口、基础设施和高新产业领域，进行不以营利为目的的金融活动。同时政策性银行不与普通商业银行竞争，其资金来源多为成本低、规模大、期限长的财政借款、债券发行和社保资金等，所以不参与信用创造过程。

政府主导型金融模式是一种典型的过渡性金融制度安排。通过信贷利率管制、商业银行利率补贴和信用垄断等措施低成本动员社会金融剩余。这一制度安排的社会贡献积极与消极影响并存。当其净效应表现为正时，则说明政府主导型金融模式突破传统金融需求约束瓶颈，对金融市场服务未覆盖到的国家重点产业与企业提供了有效的金融支持；当其净效应表现为负值时，则说明金融体系面临资源动员与控制系统风险的两难抉择，引起社会投融资总量目标失控、通货膨胀等问题。当使用常规工具引导货币、信贷的合理均衡投放没有达到预期效果的情况下，资本充足率监管强化与窗口指导并重成了政府直接管制的主要手段。这两种手段虽能产生立竿见影的积极效果，但却导致了更严重的

① 中国人民银行计划资金处及外事局. 信贷政策与产业结构调整[M]. 北京：中国金融出版社，1991.

信贷结构性失衡、银行不良贷款激增以及金融创新活力受阻等问题。[①]

因此在赶超型经济发展水平初期，政府主导型金融模式为解决“格申克龙难题”做出了贡献，有效缓解了社会资金供给问题，但是随着经济发展水平的提高以及与全球金融体系融合加深时，这种模式的社会贡献边际效应逐渐递减，在这一模式下掩盖的矛盾渐次显现，此时政府主导型金融模式需要向更加市场化的金融体制适时转型。

第三节　战略性新兴产业的金融支持体系

通过分析市场主导型与政府主导型金融模式的发展演进后我们发现，对于后发赶超型国家和转型国家而言，他们存在经济基础和金融制度基础普遍发育不足的情况，仅凭借单一模式建立新兴技术产业的金融支持体系容易导致“先天不足”，需要政府与市场的有效结合。在现代金融支持技术创新的发展进程中，承认市场的决定性地位和作用的前提下，政府在特定范围内的适时适度介入是推进技术转化的重要力量。[②]

一、 战略性新兴产业的特点

2008 年金融危机以来，世界各国把发展新兴产业作为经济复苏的突破口，而赶超型国家尤其将新兴产业视为是抢占新一轮国际经济高地和主导新一轮国际经济竞争的转机，于是将新兴产业发展与本国经济结构调整结合后确立一批战略性新兴产业，以此促进本国的国际经济竞争力提高。

---

① 信贷结构失衡的产生源于过度信贷投放。为了防止流动性过剩的问题，央行采取了加强资本充足率监管和窗口指导的直接管制措施后引起社会信贷投放规模受限。在此情况下，银行为实现更高的收益，只能在信贷结构上做文章，即将有限的信贷额度投放向收益更高的客户和项目上。这意味着信贷资源向大型企业、国有企业的中长期项目倾斜，致使“麦克米伦缺口”问题雪上加霜。金融创新受阻是因为要避免结构性问题的进一步恶化，监管部门不得不辅以更为严格的结构性信贷政策，对银行的信贷结构进行直接的控制，如要求银行不得低于某一比例的资金投向中小企业、科技型企业和农村金融领域，限制银行对某些大型企业的贷款额度和比例等，这些行政干预手段直接影响了商业银行的创新活力。张磊.后起经济主体为什么选择政府主导型金融体系[J].世界经济，2010(9)：134-159.

② “先天不足”主要是指金融约束论已经指出放任自由的金融发展容易产生无效的金融服务，寄希望于市场本身的自我修复，不是要经历一个漫长的过程，就是要付出沉重的过渡成本。而政府主导建立的金融支持体系的不足已经在政府主导型模式中详述，不在此赘述。

（一）战略性新兴产业的含义

战略性新兴产业是“新兴产业”和“战略性产业”深度融合的结果。新兴产业是随着新的科研成果和新型技术发明应用而出现的新的部门和行业。经过五次科技革命的发展，纳米科学与纳米技术、生命科学与生物技术、信息科学与技术以及认知科学领域得到迅猛发展，并与社会生产力迅速结合而形成崭新的经济业态。这些新领域、新技术的发展充满着未知和大量的不确定性。在政府积极合理地引导下，新兴产业能够发展成为资源和能源节约型的绿色经济业态。相对新兴产业而言，战略性产业范畴略显主观性。战略性产业是对本国经济发展具有重要意义的具体产业部门，主要包括主导产业、支柱产业、先导产业和基础产业。战略性产业的选择要符合国家利益，并从当前经济发展的实际情况和产业产生的综合效应出发，确定一批产业特征包含技术性、关联性、渗透性且经济效益长期性的产业部门作为战略性产业，实现产业结构高级化目标。

战略性新兴产业以重大技术突破和重大发展需求为基础，对经济社会全局和长远发展具有重大引领带动作用，具有知识技术密集、物质资源消耗少、成长潜力大、综合效益好的产业特征。[①] 战略性新兴产业的选择应突出表现于战略性与产业发展的可持续性两个方面。从战略性来看，该产业是本国产业发展的主要方向和重要目标，并承担产业结构调整和维护国民经济发展与国家经济安全的重大使命。从产业发展的可持续性来看，战略性新兴产业具备广阔的市场发展空间，技术进步带动生产效率提高使战略性新兴产业产生良好的经济技术效益，并且在该产业的带动下引领一批产业兴起。

（二）高新技术创新产业化进程

历次科技革命浪潮的到来与退去虽然在技术表现形式上不同，但是每次都遵循着相似的发展阶段和商业氛围，为社会提供一种由通用技术与基础设施构成的新兴技术经济范式。这一范式一边践行于传统产业使其活力重现，另一边开创了新的生产领域或行业。战略性新兴产业是建立在具有高潜能特性的高新技术基础之上，技术从萌芽到产业化基本经历了种子期、初创期、导入期、拓

① 薛澜，等.世界战略性新兴产业的发展趋势对我国的启示[J].中国软科学，2013(5)：18-27.

展期和成熟期几个阶段，同时产生的收益与风险也经历了相互伴生消长的过程。

高新技术企业的种子期是新兴技术在企业中落地的阶段，此时企业还未开始正常生产，资金需求规模有限，经营风险不确定性高。企业面临的风险从微观到宏观依次为技术风险、管理风险、环境风险和市场风险，因此进行社会融资时遭遇融资成本高且困难大的境遇。遵循融资的啄食顺序原理，企业此时基本依靠内源融资解决资金的来源问题。

高新技术企业的初创期是新技术投产运营的初期，也是新技术研发生产的扩大投入阶段。企业生产经营活动起步运转但不具备规模生产的能力，需要投入研发、生产、营销的费用大幅增加，此时产品销售收入开始产生但增量有限。这是提高技术成果转化率的关键时期。企业如果继续依靠内源融资将面临资金断流风险，而“商誉”不高和信息不对称又成为其融资的约束与瓶颈，因此亟待得到能够承担较大风险的长期资金来源和创业指导的相关金融服务。

高新技术企业的导入期是企业将创新成果运用于实际生产并已形成明确的发展预期，促进技术进步与经济增长结合的社会目标开始显现的阶段。这一时期企业销售收入逐渐扩大，现金流规模不大但趋于稳定。企业面临技术更迭快和易被模仿的市场风险，资金投向已从技术研发转向生产和营销环节，但是资金缺口大的问题依然存在。然而此时企业已经积累了一定的固定资产、信誉和有市场潜力的知识产权，这为企业通过多元融资模式缓解资金压力准备了条件。

高新技术企业发展进入拓展期后规模经济效应显现，企业发展的阶段目标已由技术转化向提高企业利润率、提高产能和扩大市场份额转变。企业目标变化引致企业风险也随之发生变化，即技术风险大幅降低和市场风险与管理风险都有所增加而表现出企业整体风险下降的特征。该时期企业信誉度建立并逐渐提高，在仍需投入大量资金以达到提高企业利润和市场份额的情况下，企业的社会融资渠道也由政府引导基金变为市场融资主动参与进入。

高新技术企业成熟期的到来标志着产品在市场上已经形成一定的品牌优势，实现了企业的经营效益最大化。企业的发展目标已确立为通过企业组织结构创新和经营管理创新，实现并巩固企业的市场地位。技术成熟与生产规模效应发挥为企业带来稳定的收益，各类风险日益下降。此时企业自身具有抗风险的雄厚实力,可以开始尝试调整企业的资产负债结构,即利用财务杠杆增加长期债务融资占比,实现在不明显降低信用等级的情况下降低成本,达到维护债权关系的同时增加股东价值。

二、 金融支持高新技术创新的机制

高新技术创新和成果转化成功与否与金融发展的支持和保障是密不可分的。金融发展的动态特征主要表现为金融规模、金融结构与金融效率三个层面,并通过资本形成机制、风险分散机制、信息处理机制和外部监督激励与约束机制促进高新技术产业化的推进。

从资本形成机制方面来看,金融规模是经济社会赖以生存和发展的基础与源泉,其通过金融中介和金融市场的资本形成机制完成 M2、债券余额和股票市值构成的全部资产总量的供给,包含政策性银行和商业银行的金融中介通过储蓄效应和投资效应,扩大高新技术产业部门的资本形成规模。前者引导资金投向并弥补市场功能缺位产生的资金投入不足,后者的逐利驱动提高了资金的优化配置。全能银行的建立与多元资本市场的完善为创业投资主体和风险机构投资者提供更多可靠的外源融资渠道,以加速科研成果转化。

从风险分散机制来看,高新技术产业在创新活动中面临各类不可测风险,如技术风险、市场风险、道德风险和流动性风险等。这些风险与技术创新活动各阶段特点紧密相连,仅仅依靠创新主体承担各阶段的所有风险将会阻碍技术成果的转化进程,甚至出现夭折的可能。因此能够为创新主体提供多种风险分散和转移渠道的金融结构变得尤为重要。金融结构分布越合理,层次越明晰,风险控制能力就越强。金融市场提供丰富的金融工具、业务、技术和管理,通过各金融主体的合理分工协作促进了新技术产业转化发展。

从信息处理机制来看,技术创新活动各阶段的风险信息在创新主体与投资者之间存在明显的信息不对称,并且投资者处于劣势地位。这使理性的投资者在选择投资与否时进行着困难的甄别,而创新主体却在项目融资方面变得更加渴望和迫切。如果投资者选择投资创新项目,他将面临因缺乏专业知识和信息来源而导致的对项目风险、创新主体经营管理能力和项目前景的误判,进而产生投资决策失败的后果。如果投资者处于规避风险的考虑而减少或不投资,创新项目将发生资金流断裂的可能。一个高效率的金融系统能够揭示并处理道德风险与逆向选择的不良信息。金融中介和资本市场可以部分解决信息不对称问题，然而他们也常常是该类风险的冲击对象。随着保险业的发展，保险覆盖率扩大，可以为该新技术企业提供全面的风险保障，同时保险深度和密度的提高改善了金融资源的配置。通过保险保障可以促进金融机构与民间资本的对接与合作，促进重大科技项目的科研成果成功转化。

从外部监督激励与约束机制来看，高新技术企业从初创期到成熟的产业化阶段，无论是投资主体抑或创新主体均存在各类型的委托代理关系。在信息不对称的情况下，市场上道德风险的暗流随时冲撞着创新企业的经营道德底线，依靠企业的自律约束不易保障投资者的利益安全。而金融体系的职能之一就是对创新活动进行监督和激励。金融监督管理体系包括金融风险监控、预警和处置机制，实行市场退出机制，增强监管企业信息透明度，接受社会监督，处理监管与创新支持的关系，充分协调银行、保险、证券、政策性银行以及财政部和央行等多部门的关系，支持高新技术企业的顺利发展。

三、 战略性新兴产业的科技金融支持体系

转型国家利用后发优势，在借鉴发达国家和赶超型国家经验的基础上，将金融支持的资金链、技术创新的价值链和战略性新兴产业的产业链结合起来，通过政府安排的政策引导作用、制度创新的利益驱动作用使社会资本介入战略性新兴产业的金融支持体系中，并充分利用现有金融资源和政策支持，构建战略性新兴产业的金融支持体系。根据金融综合服务平台建设主体不同，可以构建相互关联的三大金融服务平台，即政府支持型金融服务平台、混合型金融服务平台和市场化机构主导型金融服务平台，如图 3.1 所示。

政府支持型金融服务平台是由政府部门和政策性银行构成的，主要为战略性新兴产业的种子期、初创期和产业的市场导入期阶段提供支持服务，如图 3.2 所示。政府部门主要提供财政性融资投入、政府采购和税费优惠等方面服务。其中财政性融资投入一般通过三方面直接投入：一是创新工程项目，包括创新平台搭建、创新团队组成和创新基地的培育等；二是产业专项基金项目，包括战略性新兴产业专项基金和地方政府创新基金项目；三是政府创投引导基金。而政府采购工作主要是签订战略性新兴产业产品的政府采购协议，完善和细化采购目录、制度和准入条例等。最后是企业税费减免优惠，虽然该措施属于非金

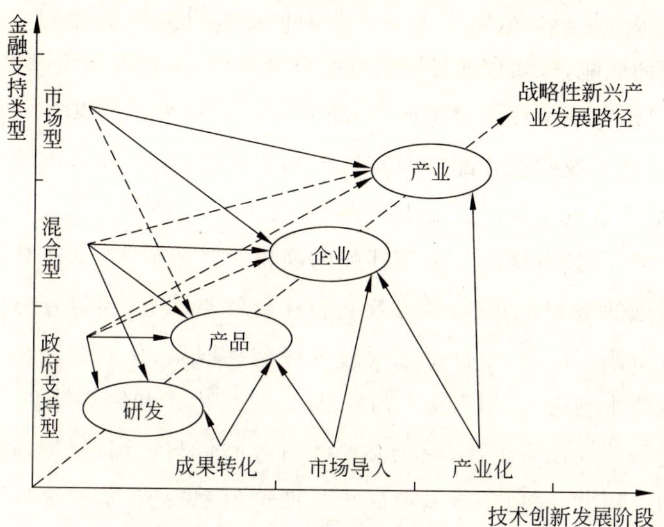

图 3.1　金融支持体系与技术创新体系的耦合关系

融措施，但在企业发展初期减轻融资压力和激励创业起到了促进作用，其主要是采用高新企业费用税前加计扣除，所得税优惠、增值税减免、进口设备税费冲销等方法。

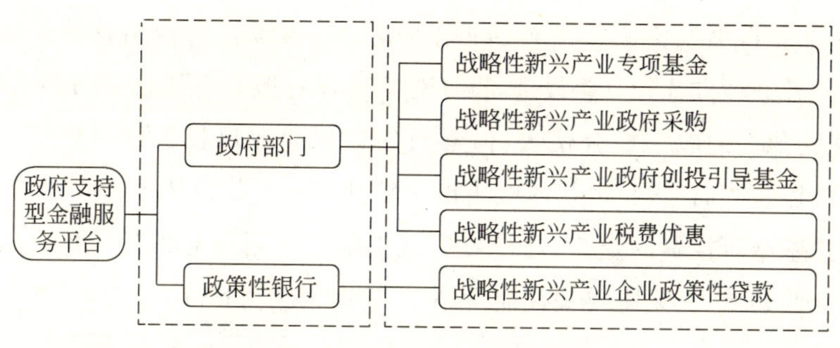

图 3.2　政府支持型金融服务平台

混合型金融服务平台是政府主导型金融资本与市场主导型金融资本相结合，通过权益式和债务式投资形成的一种以市场运作为前提、以政府引导为方向，服务于高新技术企业的创新金融为根本的金融支持体系，如图 3.3 所示。主要目的是通过财政资金的引导和市场利益的驱动，吸引更多社会资本参与高新技术企业市场导入期和成长期的生产活动，促进企业生产不断向产业链前端延伸和发展。混合型金融服务平台主体由战略性新兴产业创投基金、一般创投基金和科技银行组成。战略性新兴产业创投基金设立的宗旨是充分发挥宏观指导和调控的职能，保障创业投资良好的外部环境，为创业投资基金提供政策、法律上的支持，克服市场失灵等问题，防止挤出效应发生。基金实行市场化运作模式，尤其在企业收益分配方面实行先回本后分红，并且是市场机构出资人先分红，政府出资资本可以适当让利的鼓励措施。一般创投基金是以那些符合国家产业政策，科技含量高且创新性强的项目为投资对象，其产品有较大的市场容量和较强的市场竞争力，经济效益和社会效益明显，项目具有成熟性且已经进入研发阶段。此时，创投基金通过直接购买股票、认股权证和可转换债券的方式获取资本利得，并不直接参与产品的研发、生产和销售等企业经营活动，而是间接地扶持被投资企业，提供必要的财务监督与咨询，使创新企业全面实现价值增值。因此，一般创投基金属于长期价值型投资，这类金融工具通常流动性较差、风险高、收益高。科技银行不同于传统的商业银行运营模式，首先是贷款对象仅限于风投基金和高新科技企业。其次是贷款提供的方式不同，分为商业贷款和直接投资两种。商业贷款是科技银行向已经处于成长期的高新科技企业提供贷款服务，一旦企业进入成熟期后便退出。通常对该类企业贷款是在风投已对其进行首轮投资后或第二轮正在进行时，科技银行贷款此时跟进企业，当企业获得第三方股权参与的再融资时，科技银行的贷出款项得以偿还。而贷款的另一种方式是直接投资，投资对象选择一般是有风投参与的高新科技企业，成为他们的股东或合伙人，但参与的比例要比风投公司投资的比例低。对于风险控制方面，科技银行的做法也比较独特：一是科技银行投资的科技企业是风投基金所投资的企业，这样可以减少信息不对称导致的风险；二是涉足熟悉的专业领域；三是主要关注企业现金流而非盈利状况，因为初创企业的盈

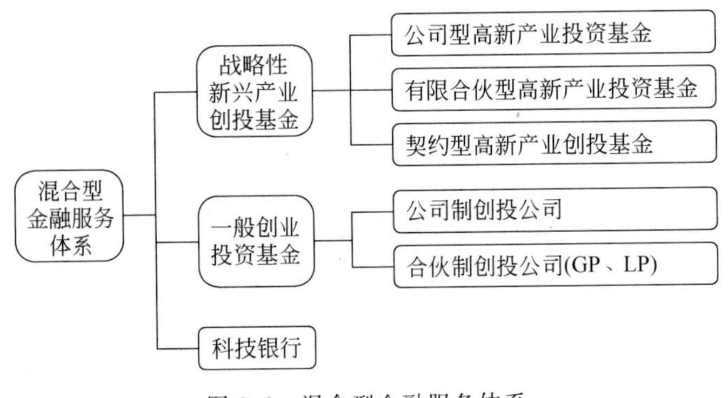

图 3.3　混合型金融服务体系

利较少甚至亏损,并且缺乏抵押品类资产,因此科技银行一般要求贷款企业和投资于其的风投基金都在该行开户,以加强对风投基金和贷款企业现金流的监控;最后是签订第一受偿顺序的条款以保障科技银行的债务追索权益。

市场化机构主导型金融服务平台主要服务高新技术企业发展的拓展期和成熟期。平台是由直接金融服务和间接金融服务组成的,如图 3.4 所示。由于高新技术企业的投资回报方式已从股东分红转变为资本增值方式,同时资本增值已远远超过股东分红的收益。要想实现资本增值收益,现代企业要求必须有投资退出机制。高新技术企业创建期退出机制需要高新技术产品产权交易所或交易会等;成长期的资本退出机制需要创业板市场;成熟期的资本退出机制需要主板证券市场等设计。因此为推进经济转型、战略性新兴产业升级、创新发展提供资金保障,多层次的资本市场成为直接金融服务的主体,包括主板、创业板、全国性主板交易市场和区域性股权交易市场及其他场外交易市场。主板市场主要交易国家级的上市公司的股票、债券,在该交易所上市的企业一般是知名度高的大企业,公司经营管理成熟,有良好的业绩记录和完善的公司治理机制,同时该市场的投资者一般均为风险规避型和风险中立者居多。创业板市场是仅次于主板交易的二级证券市场,在上市门槛、监督制度、信息披露、交易者条件、投资风险等方面和主板市场有很大区别。创业板参与上市的企业普遍具有高科技含量、高风险、高回报、规模小等特征。然而该市场的投资者更注重公司的成长性和长期盈利性,因此这个市场交投活跃。全国性三板市场的上市企业要较创业板市场而言,市场准入门槛低、融资成本也比较低。该市场为企

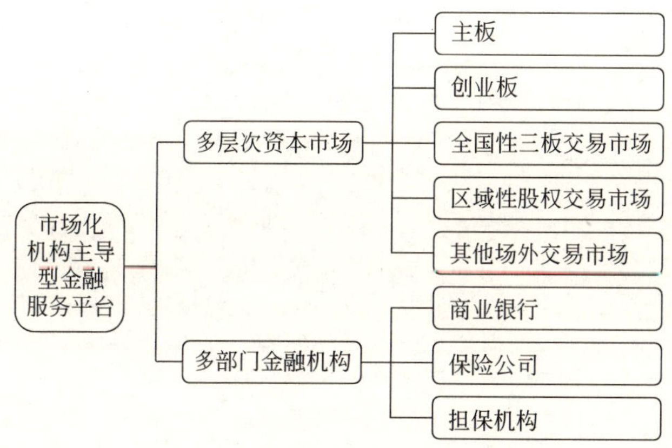

图 3.4　市场化机构主导型金融服务平台

业股份提供有序的转让平台，提高了股权的流动性，完善工业的资本结构，提高企业的抗风险能力并增强了企业的发展后劲。市场机构主导型金融服务平台的另一组成部分是多部门的金融中介机构，主要由商业银行、保险公司和担保公司等机构组成。商业银行成立科技支行或者科技担保公司，专门为战略性新兴产业的企业和其他高新科技企业提供贷款和担保，根据企业的科研成果开展知识产权融资和产业链融资服务。为了解决高新技术企业在研发、生产、销售以及其他经营管理活动中面临的因风险而造成的人员安全威胁和财产损失，保险公司推出科技保险产品作为化解风险的手段。为解决投资人投资期限长、高新技术企业风险大的顾虑，担保机构介入投融资双方，签署战略性新兴产业融资担保风险补偿合作的第三方协议，并为战略性新兴产业企业积极提供集合债券和集合票据等融资方式的担保增信服务。

综上所述，战略性新兴产业金融支持体系主要通过政府支持型金融服务平台、混合型金融服务平台和市场化机构主导型金融服务平台协调运作。其中政府支持型金融服务平台和混合型金融服务平台以基金方式为主。市场化机构主导型金融服务平台主要以多层次交投活跃的股市为主。

第四章

产业结构调整中金融手段运用的国际比较

近年来，学者们对发达国家和发展中国家的金融体系进行了大量的比较研究，发现发达国家历经五次科技变革，无论是资本市场主导型的金融结构还是银行主导型的金融结构，他们在与本国国家禀赋结合情况下，金融支持科技的产研转化并促进向产业化发展的过程中起到了极大的推动作用。美国和英国是较早完成金融市场主导型的国家，而日本和德国的金融体系则是以银行主导型为主，他们在本国产业结构调整和创新过程中均发挥出了突出的作用，为后发国家金融改革和金融体系完善提供了有益的借鉴！

第一节　美国创新经济时期的金融支持模式

美国金融体系属于资本市场主导型，金融市场发达，机构投资者在金融总资产中占较大份额。美国在金融发展过程中形成了独特的二元中央银行制，商业银行的双轨制与单一制并存，以及金融监管机构的多元化。

一、美国创新经济发展特征

美国自 1991 年进入战后最长的一次经济增长以来，表现为低通胀、低失业和高增长。1994 年美国开始以 4%的经济增速增长，自然失业率降至 4%以下，通货膨胀稳定走低。至 2000 年 11 月，美国经济已经持续增长了 117 个月。从 20 世纪 80 年代开始，美国政府通过放松对经济的管制来刺激经济竞争与创新，而这一时期恰好处于科技发展的第五阶段——信息革命时期。美国的产业进行了大规模的结构调整，高新技术优先发展使美国进入了持续稳定增长的新时代。1996 年《商业周刊》首次提出，美国已经进入“新经济”时代。这一时期的经济特点主要表现为以下三个方面：一是新技术、新知识成为美国经济增长的主要动力；二是20世纪90年代以来，美国政府及企业大力加强对高新技术研究与开发的投入，技术革新成为经济增长的驱动力；三是信息业成为新产业结构中的主导产业。20世纪90年代以来，信息技术产业逐渐成为推动美国国民经济增长的主要产业部门。1995—1998年，信息产业在其国民经济增长中的贡献率达到33%，成为头号支柱产业。在美国信息技术领域中，核心产业就业人数380万人，相关产业和其他经济部门中的相关技术人员630万人。而传统产业，如汽车、飞机、船舶、铁路、航天等制造业加在一起的就业人数不过是152万人。1999年，互联网产业为美国经济增加了5 070亿美元的产值，230万个就业机会，成为推动GDP以6%增速增长的核心力量。[①]

美国新经济形成是诸因素共同作用的结果，其中信息革命、高新技术的迅猛发展、经济全球化、企业的改革与重组、政府有效调控及美国的政治体制等都发挥了积极的作用。然而值得注意的是，日本、欧洲等许多国家同处于第五次科技浪潮发展阶段，也具备国内相应的改革因素，但是这一次科技发展的结果是信息技术最先在美国迅速发展成为信息产业，形成“新经济”繁荣时期。这说明美国拥有其他国家所没有的优势，美国不断创新的金融市场是美国特有的发展优势之一。英国前首相撒切尔夫人认为，欧洲的高科技产业落后美国10年，不是由于欧洲在科技方面落后，而是欧洲在金融市场的有效性方面落后美国10年。这一点经希克斯(1969)考察了英国工业革命中金融的作用后，证实工业革命不只是技术创新的结果，或至少不是直接结果；相反，新技术的应用需要大量的非流动性长期资本投入，在缺乏相应金融增长的条件下是无法办到的，因此工业革命只有在金融革命之后才有可能发生。

二、 美国创新经济时期金融服务的模式

20世纪80年代，在日本和西欧银行业的竞争压力下，美国金融业进一步改革。1987年美国成立了清算信托公司(Resolution Trust Corporation，RTC)负责合并或者关闭濒临破产的存贷款银行或机构。1991年颁布了新的金融改革方案，其目的是消除金融业内部的障碍，增强竞争与效率。改革的主要内容有：

---

① 郭关，黄美龙.美国经济的增加机制及趋势[J].世界经济研究，1999(6).

允许银行在全国设立分支行；允许资金充裕的商业银行从事投资银行业务；允许工商企业拥有银行子公司；简化金融管理机构等。美国的金融制度正处于这一变革中，1994 年美国终于颁布了《州银行法》，该部法律允许商业银行从 1997 年 6 月 1 日起跨州经营金融业务，设立分支机构。1999 年 11 月，美国国会参众两院废除了对世界金融格局产生重大影响的《格拉斯—斯蒂格尔法案》，以及其他一些相关法律中的限制性规定，从而开启了美国金融业混业经营的时代，这为新经济的到来做好了风险投资的金融准备。

由于美国金融业中银行、证券公司和保险公司的业务界限被消除，金融市场上风险投资活动跃跃欲试。他们把投资标的物转向高风险的高新技术产品的研发领域，在推进高新技术成果尽快商品化、产业化的同时，风投者也获得高资本收益。风险投资对象多为处于创业期的中小企业，而且多为高新技术企业，投资期限至少在 5 年，投资方式一般为股权投资，通常不要求控股，也不需要任何担保或抵押。风险投资人大都参与被投资企业的经营管理、提供增值服务。除了种子期融资外，风险投资人一般也对被投资企业的其他发展阶段融资予以满足。当被投资企业发展并形成规模化经营后，风险投资人会通过上市、收购、兼并或其他股权转让方式退出机制实现增值。投资全过程协调了风险投资者、金融技术人员、高新企业的关系，实现利益共享和风险共担的一种投资方式。这种制度创新解决了高新技术企业对资本的需求与资本市场供给之间的矛盾。[①]

与此同时，美国金融业的硬、软件基础设施也在信息产业的蓬勃发展中发生了翻天覆地的变化，美国金融市场在收集和处理信息以及利用信息配置资源的方式上有了重大的变化。美国有大量的公开上市公司，并且被 SEC 要求广泛公开信息，这就意味着有关公司经济活动的信息被公布出来，同时还有众多的分析师为共同基金、养老基金和其他中介机构工作，密切关注企业和市场的动态，分析和处理这些信息，有助于企业进行投资决策，因为企业可以根据这些信息决定是否进入某个产业。这些信息在价格中的充分体现进一步说明美国证券市场为什么能高效地进行资源配置。同时可以说没有风险资本，就不会有美国今天的世界经济地位。第二次世界大战以来，美国 95% 的科技发明和创新与

① 于娟. 基金、租赁与资产管理[M]. 郑州：河南科学技术出版社，2013.

小型企业有关。而风险投资在其中也发挥了重要作用。英特尔因得到著名的风险资本家阿瑟·洛克的投资才得以创办成功，微软、雅虎、亚马逊、苹果等也因为风险资本的介入而快速发展。到1995年，美国主要的风投公司达到500多家，分别对30 000家风险企业进行投资。美国风险投资的60%～70%集中于知识密集型的产业，如信息、计算机和通信产业、生物工程等，这种投资结构提高了整个产业体系的质量，推动了美国新经济迅速发展。

第二节　日本赶超经济中的金融支持

日本是后发国家赶超型经济的典范，是政府主导型的发达市场经济国家。在金融服务方面，日本政策性金融地位最为显赫、作用最为突出。伴随日本近现代经济与社会发展进程，其政策性金融不断壮大、完善与优化。

一、日本经济与金融快速发展

第二次世界大战后，日本政治、经济、社会制度面临着重大变革，在美国的协助下，日本对其金融制度进行了全面的改革。为了紧密配合政府发展战略，日本金融体系的改革从机构重建到金融法律颁布，以及货币政策手段的政策性干预调控全面启动。

20世纪50—60年代，战后的日本经济深落谷底，为了改变状况，日本政府出台一系列战后恢复经济的政策。此时金融部门的改革主要体现为：一是日本银行迅速重建二级银行制度；二是设立新的政府金融机构，为促进经济的复兴，第二次世界大战后成立了“复兴金融公库”①，20世纪50年代为补充民间金融机构资金力量的不足，许多政府金融机构重新创立，包括两家公办银行、十几家金融公库和公团、事业团。日本银行的货币政策在这一时期实行低利率政策，为扶持民族工业而鼓励商业银行对中小型企业融资利率优惠；同时要求无论是政策性金融机构还是其他民间金融机构提供优先发展工业的业务创新设计。在法律层面上，1947年颁布了《证券交易法》和1951年颁布了《证券投资信托法》，规定只有证券公司能经营证券业务。1954年，日本实行了金融和证券自由

① 该机构于1952年解散。

化的政策，进一步加强了金融机构和证券市场的竞争力，繁荣了公司债券的发行和流通。

20 世纪 60—70 年代，日本经济进入高速增长时期，工业化迅速发展。金融制度也进一步发生了变化。这一时期金融领域内的显著特征表现为严格的限制性措施，即政府实行长短期金融分离、银行业与证券业分离、银行业与信托业分离、国内金融市场与国际金融市场分离的政策；同时对存款利率、长短期贷款利率和债券发行利率进行直接控制。这时的金融制度起到了聚集资金、保证重点产业需求、促进经济增长的作用，也兼顾了中小企业和落后地区资金的需求。

20 世纪 70—80 年代，日本经济进入稳定增长时期，其经济结构已经发生了重大变化。然而在“二战”后建立起来的金融制度体系下，日本政府对金融业进行的深度干预和多重限制严重影响了资金的运用效率。金融业开始新的变革，即逐步实现利率自由化、金融制度转向综合化和金融机构业务的混业化、金融市场的自由化及日本金融机构的国际化。多重金融领域的放松和政府在金融体系中的作用弱化，使日元实现了国际化和日本金融业在国际金融领域占据了重要的位置。而此时的政策性金融转变了经济扶持领域，把提高国民生活质量作为社会经济发展的主要目标。在这一时期，其住宅金融公库、住宅公团、日本道路公团等政策金融机构获得的融资比例迅速提高。

20 世纪 80—90 年代，日本金融管制放松的结果是大量银行资金流入股票和房地产市场，助长了日本泡沫经济的膨胀，而随后资产价格的暴跌造成金融机构庞大的不良债，为数不少的金融机构陷入破产和倒闭的境地。政府借金融危机之际进行金融改革深化的尝试，如 1996 年桥本内阁通过了题为《我国金融制度改革——2001 年东京市场的复兴》的改革方案，目的是要加速推进日本政策型金融向以直接金融为主的欧美模式转化；又如 2002 年小泉首相推行竹中大臣的“激烈”金融结构改革，目的在于将“金融和产业的再生”与降低金融机构不良债权比重这两个任务共同推进。这两个改革方案推行后，导致的结果是日本央行实施通货紧缩政策、商业银行流动性困难，继而产生“惜贷”现象。即使在社会流动资金短缺的情况下，日本政策性银行依然积极扶持、选择有增长潜力和发展前景的企业放款 。1998 年《日本开发银行法》修订，规定日本开发银行临时增加对流动资金贷款的业务。这一举措使日本开发银行既可以解决企业对流动资金的需求，也缓解了商业银行的经营矛盾，维护国家金融安全和经济稳定。日本政策性金融再一次彰显了其在社会经济发展过程中的中流砥柱作用。

二、日本政策性金融服务与机构

日本经济发展的过程中，金融制度形成了独具特色的特征；大藏省与日本银行保持着特殊的关系，发展成“单元多头”的金融监管体制；[①]日本国内间接金融发达且银行“超贷”现象严重；[②]民间金融机构活跃且业务范围明晰；政策性金融机构力量强大等特征。日本庞大的金融机构体系主要有邮政局、政府开办的银行、海外协力基金会、政府金融公库、政府金融公库、政府融资事业团、政府所属公团等。

日本邮政局是为鼓励国民储蓄、稳定生活并为产业提供资本，于1875年在东京和横滨设立网点开始办理邮政储蓄业务。它是唯一接收存款的政府金融机构。目前邮政储蓄业务规定限额300万日元以下的居民存款业务利息不收税；超过该限额的储蓄则按照相应等级收取收益税。邮政储蓄资金由大藏省统一管理使用，成为政府金融机构重要的资金来源。

日本政策投资银行是在原日本开发银行和北海道东北开发公库基础上成立的。日本政策性投资银行是政府全额出资成立的政府性法人，提供低息长期性资金。在成立初期，融资业务重点投放电力、海运、矿业等主导产业，现在逐渐呈多元化发展趋势，以利于提高社会经济活力，促进区域经济的发展。

日本政府金融公库的特点是利用资金运用部的资金、人身保险资金或发行债券等方式筹集的资金，向有关企事业单位贷款出资或提供债务保证，用以补充民间金融不足，促进经济增长，目前有6家比较知名的金融公库，其业务范围如表4.1所示。

政府融资事业团也是依靠政府资金，运用日本输出入银行、海外协力等渠道获得资金，用于提高劳动者福利或加强技术研修提供渠道。目前主要有8家规模和影响力较大的事业团，如促进就业事业团、年金福利事业团、金属矿业事

---

① “单元多头”金融监管是银行的监管权集中在中央，且由两家或两家以上的监管机构共同负责的监管模式。这一模式反映了国家权力集中和相互制衡的特征。

② “超贷”现象是政府为促进经济增长而长期实行较低官定利率，目的是压低企业筹资成本。中小企业向银行借款的利息低且稳定，对企业的利润冲击小，所以日本企业自有资本较低，生产和发展所需资金主要依赖银行借款。这就使得银行用于贷款和有价证券投资的资金经常超过存款和资本金数量，不足部分依靠中央银行借款，这种状况是日本独有的“超贷”现象。

业团、防止公害事业团、中小企业事业团、煤矿灾害事业团、国际协作事业团、劳动福利事业团。

表 4.1　日本政府金融公库及其业务

机 构 名 称	业 务 范 围
中小企业金融公库	对国民提供必要的事业资金
农林渔业金融公库	强化农业基础、稳定农业发展和农业经营基础贷款
国民生活金融公库	对无借款渠道的国民大众提供必要的业务资金支持及发放环境贷款
住房金融公库	对个人出租、中高档住宅及住宅改良、住宅用地平整资金提供贷款
公营企业金融公库	对地方 17 种公营事业及土地开发和国营公共企业贷款
冲绳振兴开发金融公库	为冲绳的产业开发提供长期资本

政府公团是石油公团、地区振兴整备公团和船舶整备公团的总称。他们根据日本财政投资贷款计划，以特定事业为对象，由政府金融机构提供资金支持，向所属事业对象提供贷款或投资，以促进该部门的发展。

总体而言，政策性金融机构是政府干预市场的典型金融手段，然而成功干预的首要条件是必须尊重市场经济的规律，这是矛盾对立统一的两个方面。政策性金融在日本特殊的赶超经济时期发挥了巨大的作用。随着日本进入发达经济体之后，政策性金融与现代金融制度逐渐耦合，促进了政府与市场关系的协调发展。

第三节　德国产业结构调整中的全能银行制度

德国银行资本与产业资本的高度融合开启了全能银行制度时代。[①] 全能银行金融制度的发展在德国历经 1914—1945 年银行主导型金融制度的瓦解崩溃、1945—1990 年金融制度重建和 1990 年至今的金融制度创新发展阶段，最终

① 15 世纪德国的金融业开始作为一个独立的行业，随着德国工业化发展而壮大起来。1873—1876 年和 1895—1914 年出现了两次银行业集中和联合的高潮，银行之间的兼并和合并时有发生，同时 1901—1906 年间德意志银行共参股了 87 家银行，控制的资本达到 30 亿马克，这是银行资本和产业资本的联合，全能银行型的金融制度开始确立。白钦先，郭翠荣. 各国金融比较[M]. 北京：中国金融出版社，2002。

形成了覆盖商业银行业务、投资银行业务、证券和保险等各类金融服务，并且参与实体企业经营管理的全能银行制度。

一、 德国银行制度崩溃与重建

1914—1945 年，因受到第一次世界大战的影响德国工业危机加深，大量的外国短期资金撤出，导致德国于 1931 年 7 月爆发了严重的货币信用危机，达姆施塔特银行倒闭，柏林其他银行也岌岌可危。德国政府当即发放了 10 亿马克的紧急贷款，认购全国银行股票的 70%，但是一些实力薄弱的中小银行依然陆续倒闭，柏林的 9 大银行到第二次世界大战前只留下了 3 家，即德意志银行、德累斯顿银行和商业贴现银行。

1945—1990 年德国基础设施百废待兴，重要产业部门资金需求急剧增加。在德国商业银行和政策性银行的共同作用下，政府金融债迅速推行，促进了国内经济的快速重建和产业创新。

德国商业银行体系通过四个主要渠道影响企业的投资行为、参与企业的公司治理：发放贷款、直接持股、担任监事、代理投票。与美国相比，德国企业的资金主要来自全能银行和保险公司。1972 年德国三大银行承担制造业部门贷款总额的 28.2%。尽管到 20 世界 80 年代有所下降，但是到 1982 年时仍为 18.2%。德国全能银行通过上述方式充分介入企业的治理过程，有利于银行更广泛、更深入地收集企业信息，更好地监督贷款资金的利用情况，为未来贷款决策提供有用的信息。

德国政府的融资支持主要通过两种方式：一是由政府拨出财政专款以支持企业的发展，特别支持中小企业发展；二是采用贴息担保政策，由德国政策性银行为中小企业做担保向金融机构贷款。德国的政策性银行主要有德国复兴信贷银行、德国清算银行和各州成立的公法性政策银行，如储蓄银行和地方担保银行。作为公法银行，复兴信贷银行的主要责任是为中小企业、自由职业者、风险资产、居民住宅建设、环保、基础设施、技术进步和创新提供融资。特别是复兴信贷中小企业银行为中小企业提供就业与培训援助、流动资金援助，扩大企业经营范围、改善融资结构以及环保项目等提供资助。随着德国经济的发展、民间储蓄能力增强，股票投资开始活跃，证券市场发展出现了新局面。随着德国国内金融市场交易活跃和交易量的增加，法兰克福国际金融中心和证券交易中心相继确立。

1990 年 10 月 3 日，民主德国和联邦德国重新统一。在新老联邦州里大型工业区域和工业综合体逐渐成了经济再利用的重要组成部分。与此同时德国国内金融制度也随之发生了一系列重大变化。一是实现了货币的统一，德意志马克成为原东德地区的唯一法偿货币；二是联邦德国的金融体系替代了原东德的苏联模式的银行体系；三是实行东西分治的特殊货币政策，主要是对原东德的银行，允许以票据贴现方式获得联邦银行的融资；并且为防止通货膨胀，联邦银行数次提高了央行贴现率和抵押贷款利率，有效控制了货币供应规模。直至 1999 年 1 月 1 日欧元区成立，实现了统一货币、统一中央银行和统一货币政策的金融制度。全能银行制度作用的继续发挥令重新统一后的德国经济成为欧盟六大核心国的经济实力首位。然而欧盟自成立以来的不断东扩和 2008 年的全球经济危机、2009 年希腊债务危机，甚至 2014 年因联合制裁俄罗斯而反受乌克兰危机等因素牵制加重德国经济增速放缓，由此可以看出新一轮的德国银行业整合时代即将到来。

二、 德国全能银行制度的特征

德国的银行资本高度集中，并且随着工商业与银行资本相互渗透和人事联系加强，逐步形成了德意志银行、德累斯顿银行、商业银行三大垄断财团。这三家大型商业银行与德国信用合作银行、储蓄银行构成金融体系的主体。它们的分支机构占德国境内银行机构数量的 90%，业务量占 60%以上。

德国银行制度有别于欧美银行的分业经营、分业管理模式，形成鲜明的全能银行特征。首先，德国商业银行业务领域多元化，表现在商业银行不仅从事存款类金融机构的活动，还从事非吸收货币类的金融机构业务，涉足保险业与证券业。其次，股权投资是德国商业银行扩大业务网络的主要形式。德国工商企业的资本结构中通常自有和自筹资本比例小，对商业银行资本介入有较高的依赖程度，这促进了银行资本与工业资本的结合。具体表现为：一方面德国的银行大量持有企业的股票，并接受中小股东股票寄存的代理权，使银行在企业和公司董事会中有相当大的影响力；另一方面银行界在工业界大量任职，从人事上进一步加强了对企业的控制，形成了银行资本与工业资本的紧密结合。最后，德国商业银行的投行业务使其成为证券市场的交易主体。凭借全能银行形成的资金优势、成本优势、网络优势和抗风险优势,德意志商业银行除提供包销、代销业务之外,还进行一级发行市场的债券购进活动,使之成为交易市场中最大买家。

综上所述,从宏观角度而言,以美国为典型的市场主导型金融体制比较适应于不断创新的新兴产业发展,因为在这些领域里信息非常分散,人们缺少共识,股票市场则刺激更多人参与研究和关注企业的管理行为;日本和德国的经济均有赶超经济的属性,皆为恢复原有经济形态的同时承担经济创新的任务,因此银行主导型的金融系统更适应在传统产业恢复的基础上,积极开拓技术创新、产业升级。因为在成熟的技术领域中投资者比较容易达成共识,银行的投资策略在传统产业的支持中容易推进。从银行治理模式而言,英美模式和德日模式的运行特点同样影响创新企业发展,如表 4.2 所示。英美模式以绩效管理为指导,对于绩效不良的管理者存在被替代的持续威胁,激励其以最具生产性的方式配置稀缺资源,实现股东利益最大化和经济发展,然而需要预防经理人的短期行为。德、日模式是通过战略投资者直接控制为指导,股东与债权人内部化管理,因此,因代理人问题和破产问题发生的成本较低,但是从长期来看容易导致证券市场流动性差和外部投资者信息缺乏等问题。

表 4.2 商业银行治理模式比较

项　　目	英美模式	德日模式
股权结构	分散	集中
治理结构	单层制	双层制
董事会成员结构	股东大会选举产生,独立董事重要	在日本董事会成员来自银行内部高层经营者,决策与执行都有内部人承担;在德国出资者、企业员工和工会组织均拥有董事职位,平等参与联合决策
经营者选聘	董事会决定,董事长可以兼任总经理	在德国由监事会选举,在日本由控股股东推荐
市场约束	"用脚投票"和恶意收购、个人股东和小股东也能发挥作用	政府主导下兼并,恶意收购少,个人股东基本不发挥作用
激励与约束	股东激励占有重要地位,报酬与经营绩效紧密挂钩	事业型激励优先,物质激励次之
报酬确定	美国董事会决定	德国由监事会决定,日本则由章程或者股东大会决定

转型国家与发达经济体在法律、文化、社会等方面存在较大差异，银行自身经营规模、金融衍生程度和风险偏好等方面也不同，因此在选择促进战略新兴产业的金融支持模式上不存在两种模式的优劣之分。随着银行经营多元化和专业业务界限的模糊，混业经营已经是世界经济发展的趋势。无论是选择美国式金融模式，抑或是选择德国和日本的金融模式，都应以本国产业发展出发选择适合本国产业需要的金融安排。

第五章

俄罗斯经济发展阶段与产业结构调整

随着苏联大厦的崩塌，一个新俄罗斯出现在世人面前，它从旧有的计划经济体制转轨变道，进入新兴市场国家之列。转轨起步之际，俄罗斯面临的是20世纪50年代前业已形成的重工业产业结构，尽管苏联经历了20世纪50—70年代的第一产业与第二产业中农业、轻工业和重工业结构的调整，以及20世纪70—90年代的解体前试图在产业结构中鼓励效率优先、以科技进步带动实现经济结构的良性发展，但均未奏效。带着对新生事物的所有美好憧憬，俄罗斯开始了过山车式的激进改革。自改革初始至今，它经历了经济产量长期下降的1991—1998年阶段、恢复性增长的1999—2008年阶段和后危机时期经济盘整与西方制裁叠加的2009年至今(2016年)阶段。目前俄罗斯的产业结构调整仍处于工业化实现阶段。[①] 为了能够加速实现向新工业化阶段的转变，俄罗斯政府制定了国家创新战略及一系列相应的措施。然而在产业结构调整政策举棋落子的结果，我们发现俄罗斯的产业结构调整仍陷于困顿之中，这里既有历史痼疾，也有当前国内外环境对产业调整的桎梏。

第一节　1991—1998年俄罗斯经济产量下降年代

俄罗斯宣告独立后，叶利钦启动了“休克疗法”的激进式转轨模式，期寄大破大立的改革能够立即终止计划经济的运转，迅速燃起市场经济制度之光。直到1998年叶利钦才在国情咨文中正式宣告俄罗斯已经建立起了市场经济。从

① 李中海.俄罗斯经济发展阶段及宏观经济政策调整前景[J].俄罗斯学刊，2013(3)：45-51.2013年李中海在该文中对俄罗斯经济发展判断是仍处于工业化的实现阶段，此后2014年下半年以来，俄罗斯遭遇西方经济制裁，向新工业化推进的速度受到较大的阻力。

制度完成的角度而言，俄罗斯取得了制度更迭的成绩，然而在此期间的经济发展表现出现了断崖式的下跌，转轨付出了沉重的代价。

一、 转型初期的宏观经济表现

俄罗斯的宏观经济经过转型8年的改革，并且经历了自二级银行体系建立以来的第一次大规模全球金融危机洗礼后，宏观经济总体表现不尽如人意。较解体前而言俄罗斯国民生产总值下降了34.47%，工业生产总值下降了45.7%，农业生产下降了38.8%，固定资产投资下降了74%，居民实际收入下降了51.6%，通货膨胀由"井喷"式的四位数逐渐降到1998年的84.4%，但这仍然是一个令人难以接受的数字。当年俄罗斯主要指标在国际排行中的情况如表5.1所示，而逐年主要指标的变化如表5.2所示。

表5.1 俄罗斯主要经济指标在国际排行中的位置(1998年)

国内生产总值(实际汇率值)	第17位
人均国内生产总值(实际汇率值)	第46位
国内生产总值(购买力平价值)	第14位
人均国内生产总值(购买力平价值)	第48位
1993—1998年GDP实际增长	第54位
国内投资总额	第52位
国外直接投资占GDP实际比重	第43位
通货膨胀率	第59位
信贷等级评定	第52位
失业率	第42位

资料来源：根据世界银行、国际货币基金组织报告汇编。转自李建民.独联体国家投资环境研究[M].社会科学文献出版社，2013：39.

表5.2 俄罗斯主要经济指标(1992—1998年)

经济指标/%	1992年	1993年	1994年	1995年	1996年	1997年	1998年
GDP增长率	−14.5	−8.7	−12.7	−4.1	−3.6	1.4	−5.3
工业生产	—	—	—	−3.3	−3.6	1.4	−5.2
固定资产投资	—	—	—	−10	−18	−5	−12
居民实际收入	—	—	—	−16	1	6.4	−15.9
通货膨胀	2 508.8	839.9	215.1	131.3	22	11	84.4

注：与上年环比。

资料来源：俄罗斯统计局；财政部；俄罗斯银行整理。

二、转型初期的产业结构调整

就俄罗斯产业状况而言，由于受到诸因素相互作用，各生产部门经济增速变化明显，就业人数在部门间的流动性增强。苏联解体后，俄罗斯农业、工业、服务业生产均发生了巨大的变化，如表 5.3 所示。1992 年是俄罗斯国内生产的初始时期，至 1998 年间农业从 6.9%降至 5.6%，工业生产总值占比从 33.8%降至 29.4%，而服务业产值却从 51.7%上升到 58.1%。随产业部门产值变化，就业人数如表 5.4 所示，1991—1998 年第二产业就业人数下降，第三产业从 44.6%上升到 55.8%。从产值和就业的变化情况来看似乎是出现了解体后产业结构向更高级化发展的趋势。然而据产业结构优化的一般规律可知，技术进步是推进产业结构整体质量和效率向更高层次演进的核心力量，而这一段时间俄罗斯就业比重向第三产业倾斜只表明经济结构发生改变引起劳动力较大的流动。这是因为从科研经费投入和科研人员数量两方面来看，俄罗斯的科研经费投入占 GDP 比值由解体前的 1.43%降至 1998 年的 1%，而科研工作者人数的变化以 1990 年为基期，1995 年较之为 54.6%，到 1998 年则仅为 1990 年的 44%，人才流失严重。① 因此可以判断推高第三产业产值占比与就业人数增加的主要原因是工业生产受到制度转型冲击导致投入与产出不振，从第二产业中分流出的劳动力进入服务业。这也进一步说明了该时期对外贸易比重增加，但具有高附加值产品总值没有发生明显变化的原因。

表 5.3　1992—1998 年俄罗斯三大产业生产值占比（按当年价格计算，%）

年　份	1992	1993	1994	1995	1996	1997	1998
国内生产总值	100	100	100	100	100	100	100
农业	6.9	7.9	6.3	6.5	6.9	6.2	5.6
工业	33.8	34.3	32.6	29.2	29.8	29.4	29.4
服务业	51.7	49.3	52.2	55.9	53.8	57.6	58.1

数据来源：俄罗斯国家统计局数据整理。

① R&D/GDP 的数据来源自俄罗斯国家统计局网站信息公布。

表 5.4　1991—1998 年俄罗斯就业人口的产业结构分布占比　单位：%

年　份	1991	1992	1993	1994	1995	1996	1997	1998
第一产业	13.5	14.3	14.6	15.4	15.1	14.4	13.7	14.1
第二产业	41.9	40.6	39.5	37.0	35.2	33.7	31.7	30.1
第三产业	44.6	45.1	45.9	47.6	49.7	51.9	54.6	55.8

资料来源：转自郭晓琼.叶利钦时期俄罗斯产业结构研究——以经济转型为视角[J].俄罗斯中亚东欧研究，2011，4：32-42.

三、 转型初期的工业结构变化

俄罗斯经济转轨对各工业门类均造成强烈的冲击。从国际角度看，各国根据联合国统计司《国际标准工业分类法》（ISIC）制定了本国分类标准，俄罗斯在 ISIC 3.1 版的基础上制定了《俄联邦经济活动分类》。工业部门分为采掘业、加工制造业、电力燃气及水生产供应 3 个门类行业，18 个大类行业，以及其他种类行业和小类行业，如表 5.5 所示。解体后的俄罗斯工业部门生产一路下滑，自 1992 年到 1996 年采掘业和加工制造业生产总值年环比指标均未超过上年，1997 年出现向好的形势后恰遇 1998 年金融危机冲击令增长急转直下，而电力、天然气和水生产供应情况则是一直处于衰退之中。从单个门类的表现来看，加工业在 1995 年最先出现环比超过上年的迹象，如造纸、焦炭和化学加工业及冶金制造业。1997 年这一形势继续扩大到采掘业，其中燃料和能源矿产产值出现规模扩大的情况。看似加工业的经济恢复速度要较采掘业快些，然而，就三大门类产业产值占当年工业总产值的情况来看，俄罗斯在此期间出现了能源化和原材料化的趋势，如图 5.1 所示，采矿业占工业总产值比重逐年加大，加工制造业比例缩减。

表 5.5　1991—1999 年俄罗斯工业生产指标（较上年总值占比情况，%）

年　份	1992	1993	1994	1995	1996	1997	1998	1999
工业生产总值	84.0	86.3	78.4	95.4	92.4	101.0	95.2	108.9
其中								
采掘业	88.2	89.6	92.0	97.3	97.0	100.2	97.7	104.0
包括：								
燃料和能源矿产	94.7	91.2	93.0	96.8	98.3	100.4	98.9	101.4

续表

年 份	1992	1993	1994	1995	1996	1997	1998	1999
非燃料和能源矿产	71.0	83.8	88.3	99.1	91.9	99.3	92.6	115.5
加工制造业	81.8	84.6	72.8	94.2	89.7	102.0	93.8	112.8
包括：								
食品加工业(含烟草)	80.0	88.5	80.1	88.5	93.1	99.4	99.2	112.6
服装纺织业	71.9	78.9	55.0	70.6	78.4	102.1	92.3	115.3
皮革制造业	78.0	78.0	50.3	67.9	73.0	88.5	78.9	134.2
木材加工业	78.7	83.6	67.1	92.2	80.1	94.4	95.8	111.2
造纸印刷业	88.0	83.0	79.0	108.6	86.5	100.9	105.4	119.3
焦炭加工业	82.8	86.5	86.6	100.4	98.6	99.1	91.8	105.3
化学加工业	79.0	80.7	79.3	108.2	89.5	103.4	93.6	127.6
橡胶塑料制品	79.5	80.1	63.8	94.7	89.9	103.2	95.4	122.3
其他非金属矿物生产	80.9	85.3	73.2	92.9	76.9	95.4	93.1	113.7
冶金制品	82.3	82.7	82.8	102.2	94.4	104.2	94.2	108.5
机械设备生产	84.4	82.6	62.6	87.3	80.9	100.1	87.5	113.2
电学、光学设备生产	79.8	87.7	60.2	88.5	91.9	99.8	100.3	105.5
交通设备生产	85.3	88.4	66.7	89.5	95.0	111.5	88.4	113.8
其他生产	91.2	91.8	72.0	100.6	83.9	105.6	88.6	113.6
电力、天然气和水生产供应业	95.3	95.3	91.2	96.8	97.3	98.2	97.7	98.8

数据来源：俄罗斯国家统计局 2016 年。

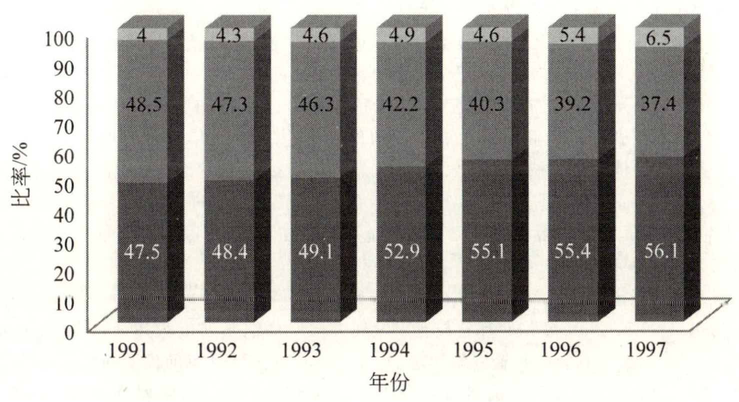

图 5.1 1991—1997 年俄罗斯工业结构变化

资料来源：俄罗斯国家统计局资料整理。

第二节 1999—2008 年俄罗斯经济恢复性增长年代

普京的经济复兴之路是在叶利钦激进改革的基础上，在强烈的大国回归世界舞台重要角色的感召下，选择走“第三条道路”。普京没有照搬西方经济模式，而是在明晰俄罗斯经济发展战略目标下稳健推行各项产业改革，变寡头资本主义为国家资本主义，积极融入世界经济体系。而这一系列重大经济改革举措皆是在多部法律法规的颁布实施中开启。产业改革的基础性文件覆盖领域主要有农业、工业并着重强调创新产业等领域。农业方面集中进行土地产权变革、农业发展扶持和保护。[①] 而工业领域的改革是在结合国际大宗商品市场价格上扬的情况下，从国内经济发展需求出发，分别对采掘业[②]和加工制造业[③]进行改革。同时加大对高新技术领域的投资，恢复俄罗斯昔日世界高科技领域占有率。[④] 经过经济政治领域的重大改革后，俄罗斯经济领域从宏观层面到产业

① 普京时期土地改革的法律法规出台依时间顺序主要有：《1999—2002 年俄罗斯联邦土地改革发展》《农用土地流转法》(2002)、《俄罗斯土地规划法》(2005)、《农业发展法》(2007)。农业扶持方面是从财政和金融两个角度给予政策优惠。财政方面颁布《统一农业税法》(2004)。金融扶持中为农业企业盘活资金采取资产重组、重组农业银行(2000)、成立农村租赁公司(2002)、扩大农业保险标的范围(2004)。农业保护方面对内进行农产品收购价格与投放价格的调节制度，对外则采取农产品进口许可证制度，减小对国内农产品市场的冲击，这一思想主要体现在《关于国家为稳定农产品、原料及粮食市场进行收购和市场投放条例》(2001)中。

② 能源工业的重要政策法规有：《2011 年前俄罗斯联邦能源战略》《2020 年前俄罗斯能源战略》(2003)、《地矿法》(2006)、《外资进入国防及具有战略性国家安全行业的程序法规》。

③ 工业改革体现在加工工业时主要包括冶金工业、化学和石化工业、机械制造业和采伐业方面。依照政策颁布时间分别为，冶金政策法规类的主要有《2005 年前俄罗斯冶金工业发展战略》《2007—2008 年俄罗斯冶金发展规划》《2015 年以前俄罗斯冶金工业发展战略》；化学和石化工业发展的政策法律主要集中在《2015 年前俄罗斯化学和石化工业发展战略》这部规划上；促进和保障机械制造业发展的法规有：《2005—2006 年俄罗斯机械制造业发展主要方向的计划措施》《2025 年前俄罗斯电子工业发展战略》《2007—2011 年电子元件基础发展》子纲要、《国防工业综合体发展》联邦纲要、《全球导航系统》联邦专项纲要；运输工具制造方面的法规有：《2002—2010 年俄罗斯国家技术基础》联邦专项纲要、《2007—2010 年及 2015 年前俄罗斯运输制造业发展战略》；采伐业方面的法律法规主要是：《俄罗斯联邦森林法典》(2006)、《2020 年前俄罗斯森林工业发展战略构想》等。

④ 创新发展的规定主要有：《2001—2005 年国家创新政策》(2000)、《2002—2005 年俄罗斯联邦创新政策基本构想》《2002—2006 年俄联邦科技有限发展方向专项纲要》《俄联邦 2010 年前及未来国家科技发展纲要》(2002)、《俄联邦科技投资政策的基本方向》(2003)、《2010 年前俄罗斯联邦发展创新体系的基本方向》(2005)、《俄联邦 2015 年前科学与创新发展战略》(2006)、《俄罗斯 2020 年前发展战略》(2008)。创新发展的法律保障有：《俄联邦 2010 年前和未来科技发展基本政策》(2002)、《俄联邦专利法》(2003)、《知识产权保护措施》(2003)、《关于科技成果支配权法令》(2005)、《组建“俄罗斯科技公司”联邦法》(2007)、《组建“俄罗斯纳米技术公司”联邦法》等。

间及产业内均发生明显的变化。

一、 转型恢复期的宏观经济表现

1999年普京执政伊始,适逢世界经济从1997年东南亚金融危机中复苏,成为俄罗斯经济恢复的重要外部因素。宏观经济层面的表现如表5.6所示,俄罗斯国内生产总值自2000年开始以年均6.5%的增速发展。年均就业人数保持稳定,失业人数规模排除2008年危机的影响因素,2001—2007年失业规模递减,相应的实际养老金收入和可支配收入逐年递增。自2000年开始国际大宗商品价格上扬的情况下,俄罗斯乌拉尔牌石油出口为国内赚取大量石油美元,并成功将多年国际收支逆差局势扭转,外债占比降低了近20个百分点。俄经济改革由寡头资本主义变为国家资本主义后,对战略性产业实行重新国有化。在石油产业发展顺应世界市场的情况下,俄国内出于经济安全考虑,2004年成立稳定基金,2007年进一步明确基金功能后改组为国家福利基金和国际储备基金,其日后为稳定国内生产并安全度过危机做出了不可磨灭的贡献。如表5.6所示,俄罗斯从2001年开始通货膨胀情况得到很好的控制,同时从2001年到2008年PPI与CPI增速差逐渐扩大,这意味着在此期间企业生产利润率增幅加快,在微观经济方面企业出现了生产力复苏的力量。

表5.6 2001—2008年俄罗斯宏观经济基本指标(较上年同期比,%)

年　份	2001	2002	2003	2004	2005	2006	2007	2008
GDP	105.1	104.7	107.3	107.2	106.4	107.4	108.1	105.6
家庭实际消费	108.2	107.7	106.7	110.2	110.5	109.8	111.0	111.5
固定资产投资	110.0	102.8	112.5	111.7	110.9	116.7	121.1	109.8
居民居住面积	104.6	106.7	107.7	112.6	106.1	116.1	119.4	105.3
工业生产规模	102.9	103.1	108.9	108.0	105.1	106.3	106.3	102.1
农业生产规模	107.5	101.7	101.3	103	102.4	102.8	103.3	110.8
货运规模	103.2	105.8	108	106.5	102.7	102.5	102.2	100.6
通信服务	119.1	115.6	127.5	129	115.7	124.0	120.1	116.3
零售业规模	111	109.3	108.8	113.3	112.8	114.1	116.1	113.0

续表

年　份	2001	2002	2003	2004	2005	2006	2007	2008
有偿服务支出	101.6	103.7	106.6	108.4	106.3	107.6	107.9	104.9
对外贸易额	103.8	108.1	126	132.4	131.5	127	120.8	132.2
实际可支配收入	108.7	111.1	115	110.4	112.4	113.5	112.1	102.7
实际工资收入	119.9	116.2	110.6	112.6	113.3	117.2	109.7	113.4
实际养老金收入	121.4	116.3	104.5	105.5	109.6	105.1	104.8	118.1
年均就业人数	100.7	100.9	100.6	100.6	100.6	100.6	101.3	100.6
失业人数规模	89.1	97.9	92.3	101.6	90.2	96.0	84.9	104.3
消费价格指数	118.6	115.1	112.0	111.7	110.9	111.9	113.3	104.8
生产价格指数	108.3	117.7	112.5	128.8	113.4	110.4	125.1	93
外债/GDP	47.7	44.1	43.1	36.1	33.6	31.6	35.8	28.9
Urals 牌石油价格	23	23.9	27.3	34.2	50	61.1	68.9	94.8

资料来源：俄罗斯国家统计局。

二、 转型恢复期的产业结构调整

普京 8 年强国的经济发展过程中，产业结构又发生了什么变化呢？针对这一问题，国内的俄罗斯研究专家们给出了研究出发点不同，但结果趋同的结论。程伟和殷红对俄罗斯产业结构“优化”提出质疑，对于 1999 年以来的俄罗斯经济表现，“我们不否认近年来俄罗斯经济形势是在‘趋好’这一客观事实，那么我们也就得不出俄罗斯产业结构的新变动是在‘趋坏’的结论”。[①] 关雪凌、宫艳华(2010)认为经济转轨以来，“俄罗斯三次产业结构发生了积极的变化，有‘优化’的一面；但从部门内部看则显示出‘恶化’的表现。这样一种‘双元’的产业结构限制了俄罗斯产业国际竞争力的提升，制约了其试图利用国际市场发展本国经济的可能性，与俄罗斯全力谋求融入全球化的战略目标相悖”。[②] 这些结论表明，俄罗斯的产业结构中已出现了新变化。

① 程伟，殷红．俄罗斯产业结构演变研究[J]．俄罗斯中亚东欧研究，2009(1)：37-44.

② 关雪凌，宫艳华．俄罗斯产业结构的调整、问题与影响[J]．复旦学报(社会科学版)，2010(2)：117-126.

（一）农业生产表现

1998 年金融危机以后至 2009 年，俄罗斯农业发展持续且波动性较大。如图 5.2 所示，俄罗斯农业增长率的两个极值分别出现在 2005 年的 1%和 2008 年的 10%。渔猎业增长率表现不平稳，甚至从 2005 年的 3.5%上升到 2009 年的 6.3%水平。引起农业产业变化的因素很多，从供给角度而言，农业生产组织单位和农业政策顺利实施与否均引起该产业领域较大变化。

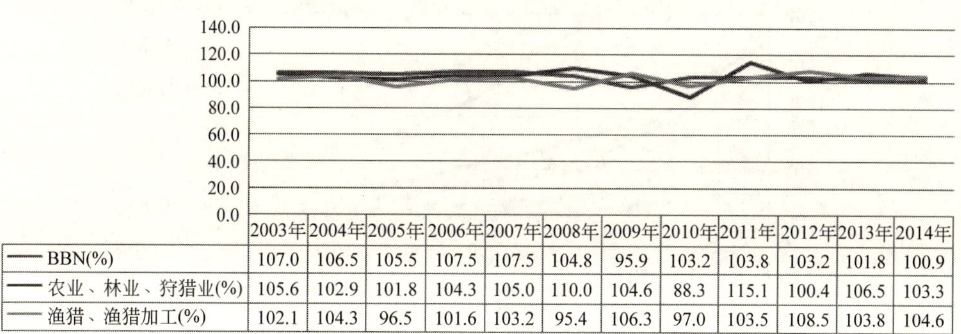

	2003年	2004年	2005年	2006年	2007年	2008年	2009年	2010年	2011年	2012年	2013年	2014年
BBN(%)	107.0	106.5	105.5	107.5	107.5	104.8	95.9	103.2	103.8	103.2	101.8	100.9
农业、林业、狩猎业(%)	105.6	102.9	101.8	104.3	105.0	110.0	104.6	88.3	115.1	100.4	106.5	103.3
渔猎、渔猎加工(%)	102.1	104.3	96.5	101.6	103.2	95.4	106.3	97.0	103.5	108.5	103.8	104.6

图 5.2 俄罗斯农林渔业生产增长率(2003—2014 年)

资料来源：俄罗斯国家统计局。

目前俄罗斯农业生产组织形式主要有农业企业、集体农庄和私人农场。在农产品年产总值中，农业企业和集体农庄的年产值平分秋色，私人农场产值虽呈现上升趋势但整体占比较小。从农机保有量来看，如图 5.3 所示，俄罗斯农业企业的主要农机数量自 1990 年以来连续下降并仍在持续。这一方面是旧设备退出生产领域而新设备未能及时更新换代的结果；另一方面是农业企业生产中引入农机设备租赁方式，提高了机械使用率，进而引起农业机械总动力、农机保有量和农业机械原值的降低。从农业生产效率来看，一是俄罗斯农业企业每百公顷耕地畜产品产量指标，如表 5.7 所示，活畜产量从 2000 年 1.7 吨/公顷上升到 2009 年 4.4 吨/公顷，奶类和蛋类指标也是持续上升；二是从每公顷粮食产量来看，如图 5.4 所示，剔除天气等自然因素影响外，产量波动较大的年份是在金融危机前后，另外在作物中甜菜类、空地蔬菜、马铃薯、大米和玉米单产率上升明显，其他粮食作物与经济作物及饲料类产量增幅较慢。从第一产业就业者比例来看，第一产业就业率从 2000 年 13.4%下降到 2008 年的 8.6%。[①]

---

① 俄罗斯统计局数据：Распределение занятого населения по видам экономической деятельности。

以上这些情况部分地反映了在适应市场经济环境中,俄罗斯农业企业经济组织的活力和俄政府支农政策的稳定性与有效性。

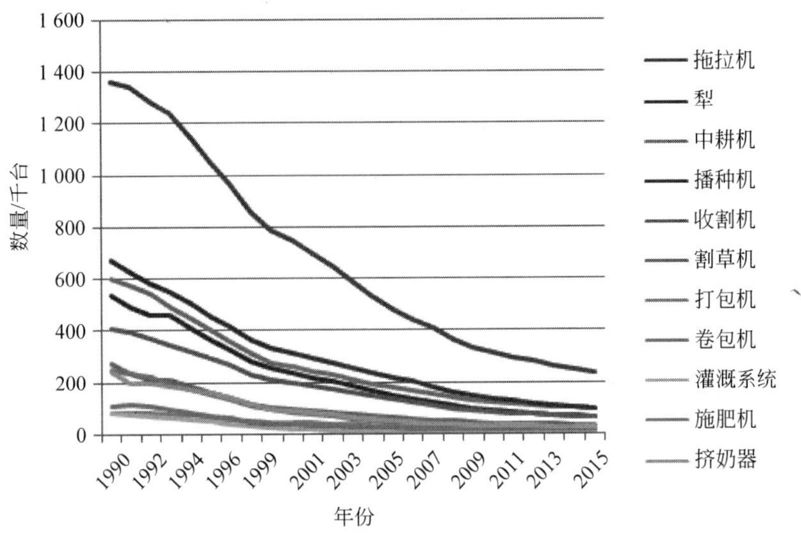

图 5.3 俄罗斯农业企业主要农业机械保有量(1990—2015 年)

表 5.7 俄罗斯每百公顷耕地畜产品产量(2000—2015 年)

年　　份	2000	2001	2002	2003	2004	2005	2006	2007
牛和家禽(活重/吨)	1.7	1.8	2.0	2.2	2.3	2.4	2.7	3.3
牛奶/吨	9.4	9.8	10.4	10.2	9.7	9.9	10.2	10.8
蛋类/千只	59.4	61.3	65.0	75.8	73.6	78.8	84.9	84.2
年　　份	2008	2009	2010	2011	2012	2013	2014	2015
牛和家禽(活重/吨)	3.8	4.4	5.0	5.4	6.1	6.8	7.5	7.9
牛奶/吨	11.1	11.6	11.7	11.8	12.2	11.7	12.1	12.7
蛋类/千只	80.3	83.6	97.7	99.2	102.0	98.8	101.3	101.8

资料来源:俄罗斯国家统计局。

8 年经济恢复增长阶段俄罗斯农业领域颁布的重要法律中,2001 年 10 月出台的《俄罗斯联邦土地法典》规定非农用土地可以进入流通市场,随后《农用土地流通法》加速了土地自由交易的进程。另一部法律是 2007 年 1 月 1 日生效的《联邦农业发展法》,以全局观出发将各项农业措施整合成一个完整的体系,并制定了总体发展目标、原则和措施。该法案强调以 5 年为一个调整期,就

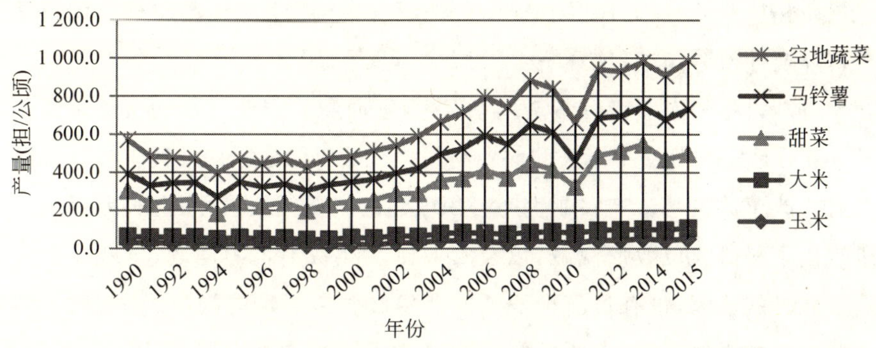

图 5.4　俄罗斯农作物耕地单产量(1990—2015 年)

扩大农业就业和提高农村生活水平、改进农业生产竞争力和保护及恢复农业自然生态制订了具体的目标部署。其中从改进农业生产力方面来看,联邦政府的具体支农政策体现:为方便各类农业生产者获得贷款资金,要进一步发展农业银行及支行网点建设;为更新换代现有农机设备,要为引入私人投资创建良好环境;为降低农业灾害性损失,要扩大农业保险的耕地覆盖面积和畜产品的类别等。然而在农业政策落地实施的过程中,问题逐一显现。首先是农产品附加值低的倾向加剧。俄罗斯农业产业链条较短且关联带动效应不明显,尽管 2000 年以来俄罗斯农林牧渔业的生产收入上升,但是农业生产资料的价格与国际水平持平且呈现上涨趋势,这直接冲减了农业产值的利润空间。其次是农业资金支持稳定性差。政府财政支出和部分私人投资是农业资金供给的主要来源,为农机及其他农业生产资料购置、农产品补贴等环节提供保障。以提供农业机械为例,俄政府每年公布农机采购目录,该农机只能是国产农机,同时成立 Росагронаб 和 Росагролизинг 公司,对其提供优惠贷款用于指定目录产品的购买。[①] 该公司购得设备后采用两种方式销售:一种是设备融资租赁业务;另一

① Росагронаб,该公司于 1992 年成立并隶属于俄罗斯农业发展委员会,后改制为农业发展委员会所属的企业,经股份制改革后上市。公司股东是由联邦地方农业发展委员会和国内几家大型机械设备生产维修工和工程公司构成,因此该公司被称为俄罗斯农业和工业的桥梁。该公司还有 9 家子公司,主营产品有拖拉机、挂车、农用机械、汽车零部件等,同时该公司也是知名的欧洲品牌农机的经销商。

Росагролизинг,该公司于 2001 年成立隶属于俄罗斯农业部,2014 年改制为俄政府全资注册的上市股份公司。它的主要活动是在农业部与农业生产者之间做好农用装备租赁、动物养殖新技术培育、引进资源节能型技术、提高农业生产盈利能力。随着农业企业偿付能力的提高及新型商业模式农场的出现,对进口农用机械设备的需求增加,这两家公司开始增加政府预算外资金支持的进口设备购置和租赁,如中耕机、犁、耙和播种机等。

种是设备租赁业务，以此保障农民生产环节农机的需求。[①] 然而每临俄罗斯受到外部环境冲击时，政府预算资金流就会出现不稳，承担政府采购的公司立刻停止购进新设备和农业银行惜贷现象发生，进而影响农业生产的可持续性和稳定性。最后是农业劳动力流失和农业科研投入下降问题。农业行业收入低和土地私有化改革失败是影响农业生产者积极性的主要因素，而农业科研投入下降中表现出了科研人员数量锐减，以及农业研发经费不足等问题，这些既有历史"重工轻农"的原因，也有目前俄罗斯农业发展资金不足的拘囿。[②] 同时人口数量下降出现的土地撂荒、土地退化、肥力下降均影响农业发展，所以，总体来看8年期间俄罗斯农业增长显著，发展空间呈现出巨大潜力，但是距离强农业还有待时日。

（二）工业生产表现

从工业生产方面来看，如图5.5所示，1999—2008年工业部门的采掘业和加工制造业增速环比增长明显，其中加工业增速高于采掘业增速，进而拉动工业生产较快增长。加工制造业快速增长得益于橡胶塑料制品生产、冶金生产、机械设备生产、电学光学设备生产的高速增长，在2000—2008年这些部门增加

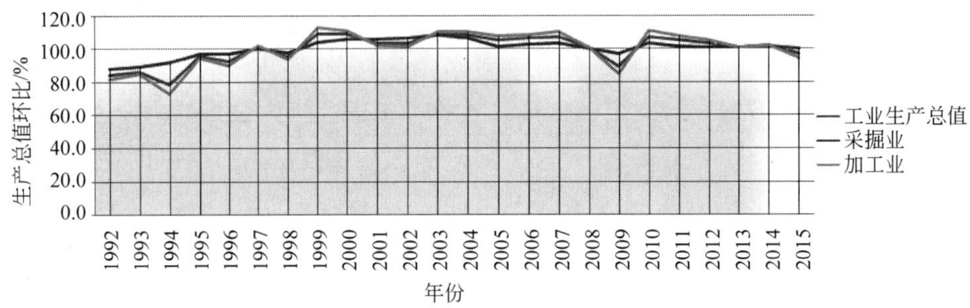

图5.5 1992—2015年俄罗斯工业生产总值环比

资料来源：俄罗斯国家统计局。

---

① 设备融资租赁——俄罗斯农业生产者购买农机时可以按照农机整机价格的10%付款，随后分期5年或更长时间支付余款。俄政府对农民和农业企业或提供资金补贴，或提供无息贷款，抵押品为农机折价后的价值款项。

② 阿尔巴金(2001)指出，俄罗斯土地私有化失败在于没有考虑农用地的实际使用情况，简单地进行土地平均主义，结果近一半的土地被不直接从事农业生产的人获得，而农业生产者在生产资料价格上涨、政府补贴减少的情况下土地使用出现闲置或非国家农业发展方向使用的情况。

值均超过当年加工业的增加值。工业化发展的一般规律表明，当工业化进程深入后期时，对原材料的加工链条自然延伸拉长，零部件等中间产品在工业生产总值中的比重呈现加大趋势。由于加工度的提高，产品蕴含的附加值与技术含量大幅提升，此时产品中原材料耗费的比例并不会随之增长。因此在工业生产中表现出对原材料依赖度的保持甚至是下降态势，而对加工工业和技术装备的需求呈现出加大趋势。然而该时期俄罗斯的工业生产总值结构中，我们发现采掘业生产总值所占比重在逐渐增加，而加工业比重有下降趋势。

如图 5.6 所示，加工业产值从 2002 年的 62.4%下降到 2008 年的 58.8%，而同期采掘业在工业产中占比从 24.2%上升到 31.3%，这表明经济体对自然资源的依赖度正在加强。① 这一现象在俄罗斯工业企业的生产决策中也得到了印证。首先是企业信心指数方面，俄罗斯国内企业对经济形势进行预测，当该指标出现负数时，表明该行业绝大部分企业对本国经济前景不抱乐观预测，如图 5.7 所示，2005—2009 年初，俄罗斯采掘企业信心指数远高于加工企业信心指数。其次是产能利用率指数方面，俄罗斯工业生产中已经实现了产能利用率情况的分类统计，涵盖的范围包括采掘业、食品烟草业、纺织品鞋类、木材加工与木制品、纸浆制造业、化学品类生产、橡胶塑料制品、金属工业、机械设备、耐用消费品及汽车制造业。各国日益关注该系列数据是因为它反映出产业部门的生产规模和应变能力。一般情况下产能利用率的波动主要受制于企业对未来市场不确定性而提升了实物期权投资的审慎评估。② 当企业产能利用率达到 95%以上，此时设备使用率接近满负荷，经济中通胀压力随之增加；而产能利用率低于 70%且持续下降，则表明产能过剩的同时经济有衰退迹象。如表 5.8 所示，2000—2009 年产能利用率持续保持在 70%以上的工业部门类别主要集中在采掘业、木材加工、造纸、化学制品和金属生产方面，这显示了俄罗斯工业生

---

① 这个观察印证了该时期我国众多研究俄罗斯问题的专家对俄罗是否患有“荷兰病”的探讨和争论。

② 实物期权(real option)这一思想首先是 Arrow 和 Fisher(1974)提出想法，Myers(1977)凝炼成为理论雏形。他们意识到不确定的环境下由不可逆投资决策产生的延迟投资是有价值的。这其中包含延迟投资期权、扩张期权、收缩期权、转换期权、企业增长期权和放弃期权。这一理论受到金融期权定价理论的启发，并以此为基础发展起来且用于评价具有不确定性投资结果的非金融资产的一种投资决策理论。项目投资价值＝净现值(NPV)＋期权价值(C)。项目投资价值大于零，则接受该项目；反之拒绝该项目。该部分内容受到文章——钟春平，潘黎.“产能过剩”的误区[J]. 经济学动态，2014(3)：35-48——的启发。

产内部长产业链生产较短，产品的附加值难以大幅度提高，资源密集型产业仍然是工业发展的主体。

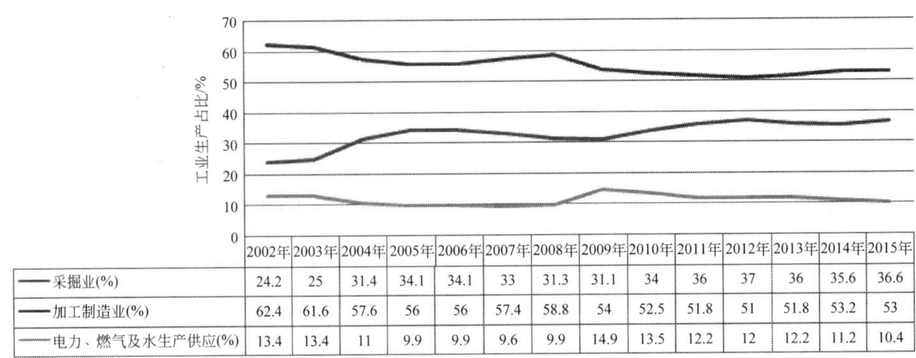

	2002年	2003年	2004年	2005年	2006年	2007年	2008年	2009年	2010年	2011年	2012年	2013年	2014年	2015年
采掘业(%)	24.2	25	31.4	34.1	34.1	33	31.3	31.1	34	36	37	36	35.6	36.6
加工制造业(%)	62.4	61.6	57.6	56	56	57.4	58.8	54	52.5	51.8	51	51.8	53.2	53
电力、燃气及水生产供应(%)	13.4	13.4	11	9.9	9.9	9.6	9.9	14.9	13.5	12.2	12	12.2	11.2	10.4

图 5.6　2002—2015 年俄罗斯工业部门产值占工业生产总值比重

资料来源：俄罗斯国家统计局。

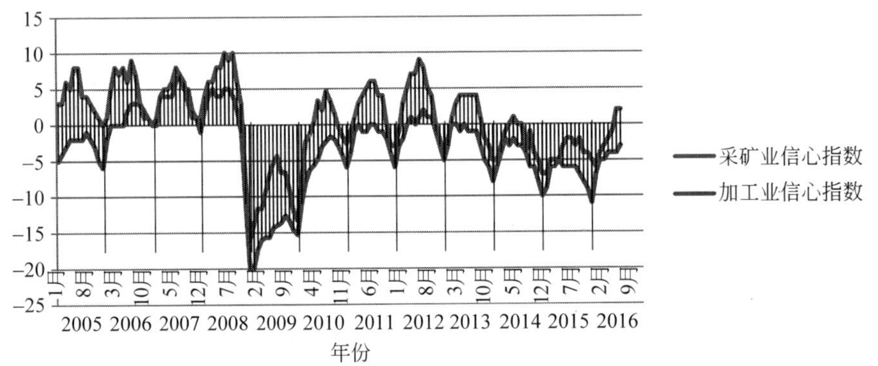

图 5.7　2005—2016 年俄罗斯商业信心指数

表 5.8　1990—2009 年俄罗斯产能利用率情况　　单位：%

年　　份	1990	1995	2000	2001	2002	2003	2004	2005	2006	2007	2008	2009
采掘业												
煤炭	93	72	84	87	82	85	84	85	84	82	81	76
煤炭加工	94	72	71	72	68	73	81	77	71	75	71	66
非金属建材	91	52	56	58	57	61	63	67	61	71	66	48
食品及烟草业												
生肉类	76	32	18	18	28	34	35	45	52	57	58	61

续表

年　　份	1990	1995	2000	2001	2002	2003	2004	2005	2006	2007	2008	2009
肉制品	90	54	52	55	65	67	68	66	69	65	67	64
肉罐头	64	39	40	44	43	40	35	45	45	52	49	47
果蔬罐头	72	21	32	45	57	62	63	66	64	65	54	50
植物油	79	35	61	56	49	62	66	70	69	66	63	73
人造黄油制品	79	20	42	45	43	44	50	56	60	64	60	60
全脂奶制品	76	24	32	35	37	42	45	48	51	55	54	57
动物油	76	35	25	24	27	26	26	27	28	31	32	27
奶酪制品	86	51	49	55	59	56	54	61	66	66	58	64
奶制品罐头	79	48	55	55	53	56	60	61	58	50	65	58
小麦	89	53	45	45	40	41	43	44	44	44	47	48
去壳谷物	99.8	39	24	27	23	24	28	30	32	38	34	34
面包及其制品	67	44	40	40	40	39	40	39	39	39	41	41
甜菜糖	87	86	76	81	80	81	85	86	87	85	86	87
面食制品	98	44	46	48	52	56	61	63	61	60	64	63
糕点制品	92	46	50	54	55	59	59	62	64	64	65	61
酒类及酒精制品	—	49	30	33	34	31	31	32	29	30	27	24
啤酒	76	51	79	80	76	67	74	74	77	81	74	72
软饮料	67	17	37	44	51	52	57	59	63	58	54	49
矿物质水	73	30	52	56	60	58	51	55	55	56	54	44
纺织品及鞋类												
全棉布坯	91	28	55	58	59	64	66	70	71	68	67	61
亚麻面料	86	32	28	32	36	45	44	38	42	36	36	30
羊毛	68	16	17	18	18	20	21	24	34	32	33	35
针织品(袜业)	95	36	49	51	52	50	54	57	63	68	64	67
针织品(毛衫)	93	21	28	33	37	50	49	51	53	54	53	55
鞋类	87	23	29	32	37	47	50	54	68	66	66	68
木材加工及木制品												
木料	69	31	39	39	40	44	47	50	50	54	50	48

续表

年　份	1990	1995	2000	2001	2002	2003	2004	2005	2006	2007	2008	2009
胶合板	88	52	82	80	90	93	94	94	92	91	86	69
木制活动房屋	82	3.6	5.1	5.1	7.6	8.9	6.8	6.3	13	32	44	21
木制箱	80	17	38	24	26	34	28	49	48	43	41	48
纸浆造纸业												
纸	94	57	79	81	82	83	86	86	87	85	84	82
纸板	87	41	63	67	75	76	79	80	84	86	85	77
化学品类生产												
合成氨	81	68	77	79	82	84	89	90	93	93	89	88
硫酸	86	57	72	71	75	83	82	85	83	85	81	77
矿物肥料	86	57	72	71	75	83	82	82	83	85	81	77
合成树脂和塑料	84	45	62	62	71	74	76	77	78	78	73	71
油漆	74	20	24	22	24	24	28	29	33	39	38	33
橡胶、塑料制品												
墙体材料	81	50	48	49	53	58	61	61	66	73	73	46
水泥	93	45	44	48	51	57	65	69	76	79	70	57
钢筋混凝土制品	77	34	41	45	49	59	55	64	66	61	49	42
石棉板	90	34	41	45	49	59	55	64	66	61	49	42
管道、石棉水泥配件	83	27	35	37	40	48	56	45	48	51	44	33
房屋保温材料	80	38	40	43	36	38	43	42	50	60	55	50
填充料	76	34	22	26	30	34	36	38	45	49	50	37
金属生产与金属制品												
铸铁	94	70	86	86	88	91	91	89	93	92	86	85
钢	94	67	77	77	79	84	87	86	90	91	83	73
黑色金属	92	66	72	78	79	82	86	86	85	88	83	74
钢管	93	36	47	53	52	62	61	66	74	76	67	74

续表

年　份	1990	1995	2000	2001	2002	2003	2004	2005	2006	2007	2008	2009
机械设备制造、电器及光学设备、运输车辆和设备制造												
蒸汽涡轮机	53	23	14	5.5	34	22	23	26	22	19	39	27
燃气涡轮机	18	32	21	32	31	46	50	40	57	70	72	76
滚动轴承	89	39	55	55	51	51	51	45	43	41	38	17
电动桥式起重机	74	6.9	2.9	3.3	3.8	3.7	3	3.9	2.1	11	17	2.4
车辆起重机	82	37	27	43	44	42	51	57	76	84	80	19
拖拉机	81	11	19	14	9.5	8.4	9.3	10	15	19	21	12
金属切削机床	81	24	17	18	14	12	13	13	13	14	16	6
锻压机	83	13	13	18	19	24	23	30	39	42	44	22
铲车	98	36	28	32	33	30	36	45	48	57	45	12
推土机	88	22	31	32	20	20	26	61	72	89	70	21
家用冰箱	98.4	37	39	52	55	61	66	78	80	82	78.4	59
吸尘器	82.3	19	20	20	22	23	26	42	38	35	45.5	17
发电机	39	17	25	56	54	65	60	72	69	66	83	83
大型电动机器	78	26	41	44	40	33	37	41	45	39	41	17
交流电动机	81	20	37	39	40	44	44	41	52	53	33	19
家用钟表	97.8	40	55	50	42	38	27	22	17	22	36	15.4
小型汽车	94	68	74	71	70	68	75	68	76	77	73	30
卡车	90	16	39	50	38	43	45	48	55	69	55	17
公共汽车	79	58	56	63	51	62	57	73	70	85	55	26
铁路货运集装箱	86	21	14	26	38	56	66	68	74	83	84	43

资料来源：俄罗斯国家统计局。

第三节　2009—2016 年俄罗斯经济盘整年代

2008 年全球金融危机后的去杠杆化在新兴经济体国家引起外资退潮效应，对俄罗斯的冲击也概莫能外。由于俄罗斯经济市场化的顺序中金融优先启动，因此 20 世纪末以来的两次金融危机的冲击俄罗斯无一幸免。与 1998 年俄罗斯的债务危机不同，2008 年金融危机对俄罗斯的直面冲击表现为银行流动性迟滞、资本市场资金抽逃、股票价格暴跌及因卢布贬值而引起的公司债务加重。金融市场动荡加速了危机向国内传递，导致经济增长下滑、企业减产、居民失业、储蓄减少、通货膨胀持续等问题。这场金融危机令俄政府再次正视经济发展中的近忧与远虑。

一、 盘整期的宏观经济发展

为扶持企业渡过危机，俄政府增持战略性企业股份，并且积极寻找新的经济增长方式。尽管早在2008年危机前普京政府已经意识到资源依赖型增长方式不可持续，但是经济政策一直在发展与增长之间徘徊。这次将不得不面临被动调整，然而克里米亚问题又招致西方国家经济制裁，致使俄罗斯经济进入萧条期，社会经济指标整体下滑。

俄国内居民收入水平和消费能力下降。如表5.9所示，反映俄居民收入情况的主要指标是居民实际收入、工资收入、养老金收入和低于最低收入水平的人数。实际居民收入增长率自2010年的105.4%降至2014年的99.5%，工资收入增幅也从2010年的105.2%降至2014年的101.2%，而相应年份的养老金收入增长率从134.8%降至100.9%，低于最低收入水平的人员增长率从96.2%上升到2014年的103.9%。居民实际收入水平的下降意味着未来一段时间内消费增长乏力。2016年第一季度末，消费者信心指数降低至63%，这是继2005年俄联邦统计创立该指数以来的最低水平。同年2月消费统计显示，食品、饮料和烟类消费额超过非食品消费额度，占居民消费总额的50%以上。这一消费情况只有在经济匮乏时期才会出现，并且经济越匮乏，居民越发增加食品消费支出，这表明居民生活质量恶化和对未来的不确定性增强。

俄罗斯国内投资与生产环境恶化。由于西方经济制裁，国际信用评级机构连续下调俄主权信用等级，直接导致其投资环境更加困难。俄企业的融资渠道一方面来自国内金融市场；另一方面源于海外贷款或海外发债等方式融资。西方金融封锁时期国内固定资产投资增速从2010年的106.3%下降到2014年的97.3%，企业净利润增长率也从危机后144.1%下降到68.2%，如图5.7所示，自2008年金融危机后工商企业信心指数从2010年开始恢复并且采矿业快于加工业增速，然而自2012年峰值过后开始下降且均降至零水平以下，显示出俄罗斯国内投资与生产情况不振的局面。

表 5.9　2010—2015 年俄罗斯社会经济主要指标增速　　单位：%

年　份	2000	2005	2010	2011	2012	2013	2014	2015
人口	99.6	99.6	100.02	100.1	100.2	100.2	100.2	100.1
年均就业	100.6	100.5	100.1	100.2	100.5	88.9	99.9	99.9
失业	81.6	92.5	88.2	88.8	83.9	100.2	94.0	100.9
领取退休金人数	100.1	100.3	101.6	101.1	101.0	101.1	101.1	101.2
低于最低收入水平人群	84.9	88.5	96.2	101.1	86.0	92.3	103.9	115.0
居民实际收入	113.4	111.7	105.4	101.2	105.8	104.8	99.5	96.4
员工工资收入	120.9	112.6	105.2	102.8	108.4	104.8	101.2	93.2
养老金实际收入	128.0	109.6	134.8	101.2	104.9	102.8	100.9	102.6
GDP	110.0	106.4	104.5	104.3	103.4	101.3	100.6	97.2
家庭实际消费	105.9	110.8	104.3	105.8	106.1	104.0	100.9	92.1
工业生产	108.7	105.1	107.3	105.0	103.4	100.4	101.7	105.5
农产品	106.2	101.6	88.7	123.0	95.2	105.8	103.5	104.1
实际居民住宅面积	94.6	106.1	97.6	106.6	105.6	107.2	118.2	105.8
货运(公路)	105.1	102.6	106.9	103.4	102.9	100.6	99.9	97.7
零售额	109.0	112.8	106.5	107.1	106.3	103.9	102.7	93.5
劳动生产率	100.0	105.5	103.2	103.8	103.0	101.9	100.8	96.6
企业净利润	170.1	151.3	144.1	114.2	110.8	82.7	68.2	32.1
固定资产投资	117.4	110.2	106.3	110.8	106.8	100.8	97.3	113.7
外贸总额	122.8	133.7	132.7	130.6	103.5	100.2	93.2	65.9

资料来源：俄罗斯国家统计局。

俄罗斯进出口额与收入明显减少。2010 年俄罗斯贸易增长率恢复到 2005 年水平，然而在 2014 年后对外贸易缩水严重。西方对俄经济制裁之一是中止经济贸易合作协议，俄欧进出口受此冲击最大，因此制裁期俄罗斯加强了向东看的俄中贸易合作。两国贸易合作中由于受到国际市场需求不足、原油及大宗商品价格下降等因素的影响，2015 年 1—11 月中俄双边贸易额为 613 亿美元，同比下降 29.3%，这是在中俄合作意愿加深情况下出现的对外贸易下降趋势。

二、 盘整期经济发展的愿景与现实差距

俄罗斯政府 2020 年的社会经济发展目标在《俄罗斯联邦长期社会发展构

想》中做了详尽的描述。对照2015年俄罗斯经济社会主要指标的实际发生值和2020年目标值来看，结果两者差距较大，在近4年的剩余时间里找回差距实属不易。如表5.10所示，从GDP增长率和世界经济排名来看，2015年俄罗斯GDP增长率为－3.7%，而这一下滑趋势是否探底还不得而知。西方制裁未解除与经济外部需求乏力令俄罗斯GDP在IMF成员中排名仅为13位，距2020年世界第五大经济体的发展目标还有相当距离。2015年俄中产阶级的比例也随之降至10%的水平。政府应对危机的紧缩政策使中产阶级生活水平滑落并加重普通民众的生活成本，导致收入低于生活保障的人群在2015年上升为9.5%(2020年目标值6%～6.5%)。2015年俄罗斯出口额为3 459亿美元，其中机械设备出口额213亿美元均远落后于目标值。在2020年目标值中表现积极的是俄罗斯人均寿命。第二次世界大战后俄罗斯人口危机始自20世纪80年代末，90年代社会转型下人口危机加深。为改善社会人口状况，2007年俄启动"人口政策构想"计划。2015年正是该计划的第二阶段结束和第三阶段开始的过渡年，这一年实现了俄国民平均寿命71.4岁，已经接近72～75岁的目标值。这主要得益于"人口政策构想"鼓励生育并为婴幼家庭提供社会服务与充分保障的政策。然而这一政策的顺利实施与否主要依赖于国家福利充裕程度，因此国民平均寿命提高并保持需要政府提供稳定的社会经济环境和较好的福利保障。

表5.10　2015年与2020年俄罗斯主要社会经济指标对照

年　份	2015(实际值)	2020(目标值)
俄罗斯GDP世界经济排名	13	5
人均GDP/万美元	2.5	3
GDP增长率/%	－3.7	6.5
平均寿命(年龄)	71.4	72～75
中产阶级比例/%	10	＞52
收入低于最低生活保障人群/%	9.5	6～6.5
出口额/亿美元	3 459	＞9 000
机械设备出口额/亿美元	213	1 100～1 300

资料来源：2020年目标值源自《俄罗斯联邦长期社会经济发展构想》，2015年实际值源自俄罗斯国家统计局、俄罗斯海关总署、2015年IMF成员GDP排行榜(IMF世界经济展望，2016/04/12)，"中产阶

级比例”指标值源自俄罗斯社科院人口调查。

俄罗斯宏观经济愿景与现实的实际差距显示出产业结构仍陷于失调状态，“旧病新疾”的俄罗斯经济于2008年提出创新型经济发展道路。即使面临西方制裁，俄联邦政府也以“进口替代”策略回应，通过“倒逼”之势继续推进新型工业化改革。历史经验表明，无论何等规模的产业结构变迁，均应进行充分的金融准备，尤其是战略性新兴产业的发展越发离不开多元多层次的金融支持体系，而俄罗斯的金融发展历经改革，形成了特点鲜明的转型国家金融体系。

第六章

俄罗斯金融制度的组织体系发展

随着俄罗斯经济转轨，俄罗斯金融制度的组织体系经历了由单一银行制向二级银行制度转变的过程。逐步形成了以中央银行为领导、商业银行为主体、非银行金融机构分工协作的金融组织体系。而这一银行体系的改革过程是在彻底摧毁原计划经济体制与公有制基础上进行的。路径依赖被切断、原有的政策法规被废止、金融脱媒日趋严重等现象是金融改革初期的基本特征。经过经济与金融改革的剧烈震荡，特别是1998年俄罗斯金融危机的洗礼后，其金融体系逐渐趋稳，并且形成了既不同于转轨前的单一的、僵化的金融组织体系，也不同于美英模式或德日模式的特征，而是形成了带有强烈转型期特征的金融组织体系，如图6.1所示。

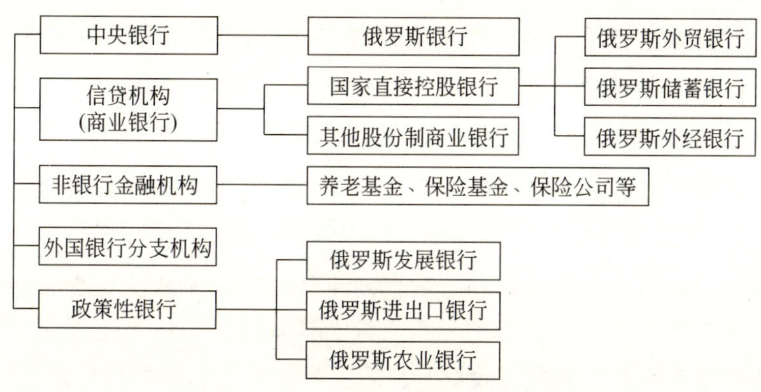

图6.1　转型期俄罗斯金融组织体系

第一节　俄罗斯中央银行的宏观调控

1995 年 4 月 26 日，俄罗斯通过了《俄罗斯中央银行法》，明确了中央银行的法律地位。依据俄罗斯宪法，俄罗斯银行的职责为保证货币稳定和货币发行。具体职能范围包括制定货币政策；发行货币，管理货币流动；作为信贷机构的最后贷款人管理再贷款系统；负责信贷市场准入和退出管理；监管信贷机构和银行集团；审批信贷机构的证券发行；组织和实施外汇管理；分析预测俄罗斯全国经济形势，特别是货币、外汇、金融和价格情况，发布相关资料和统计数据。

一、俄罗斯货币政策与工具选择

第二次世界大战后，发达国家货币政策的最终目标与中介目标的选择经历了三个阶段的变化：20 世纪五六十年代的最终目标为充分就业和经济增长，辅以利率作为中介目标；20 世纪七八十年代的最终目标为稳定通货膨胀，辅以货币供应量为中介目标；20 世纪 90 年代以来各国基本确定了通货膨胀目标盯住制，而中介目标上出现了适应本国经济特征的不同选择。美国是以单一规则向泰勒规则过渡；英国实施的是通货膨胀目标制，所以中介目标紧盯通货膨胀；日本是在最终目标与货币政策手段之间设置了两类指标，即操作目标和中介目标。而俄罗斯是在苏联解体后剧烈的转型中形成了本国独特的货币政策目标选择模式。

俄罗斯的货币政策选择目标历经“休克疗法”时期的通货膨胀控制为首位的目标选择，辅以利率作为中介目标；普京“强国八年”战略的通货膨胀与汇率并重的最终目标和货币供应量调节的中介目标；以及 2008 年全球金融危机后主动选择通货膨胀为核心目标的货币政策选择阶段。2014 年 9 月俄罗斯开始实施通货膨胀目标制度的货币政策。它的主要任务是确保物价稳定，实现相对较低而且温和的通货膨胀。考虑到俄罗斯的经济结构特征，通货膨胀目标值被设置为 4%，直到 2017 年之前一直维护在这个水平。同时俄罗斯中央银行将利率走廊和货币供应量作为实现最终目标的中介目标。俄罗斯中央银行通过向商业银行提供存贷款便利工具，将货币市场的利率控制在目标值范围内，在两个短期融资工具之间形成一条“利率走廊”。[①] 比起单纯的公开市场操作，考虑到金融市场的自由开放情况，利率走廊更有利于金融市场主体形成稳定预期，同时有助于央行减少公开市场操作使用的频率和幅度、降低成本，增加央行货币政策的透明度。俄罗斯央行还在中介目标与货币政策工具之间明确设置了基础货币、货币市场利率和法定存款准备金为货币政策的操作目标。通常而言，近期操作目标为“基础货币＋短期利率”，远期操作目标为“货币供应量＋长期利率”。

制定和执行货币政策是俄罗斯中央银行最主要的一项职能，《俄罗斯中央银行法》第35条规定，俄罗斯调整货币和信贷政策的主要工具包括法定存款准备金、公开市场业务、再贴现、再贷款、外汇调节、发行中央银行债券等。

（一）公开市场业务

俄罗斯银行通过金融市场买卖有价证券、外汇及买卖并持有贵金属和外汇资产达到调节货币的需求。近年来央行通过这一业务维护卢布币值稳定，并在预算赤字融资的过程中发挥了重要的作用。在公开市场业务中，中央银行借助一系列工具来调节货币供应量，实现货币政策目标。依据调节工具的种类、目的、操作形式、期限和调整频率等内容，将货币市场和外汇市场上的信贷调节工具进行了细分，如表6.1和表6.2所示。

表6.1　俄罗斯货币信贷政策工具体系

工具种类	调整目的	调整形式	工具期限	调整频率	决策者与交易者
短期业务					
拍卖交易	管理货币市场利率	股票回购、拍卖	1周	每周	俄罗斯央行
隔夜交易	利用利率走廊的边界限制货币市场的振幅范围	隔夜贷款、货币掉期交易、典当行贷款、回购协议、资产或担保物的抵押性贷款、黄金抵押担保贷款、同业存款等	1天	每天	信贷组织

① 利率走廊上下限的取值范围方面，俄罗斯中央银行规定在关键利率基础上波动在－1%～1%，而关键利率是以银行间市场拆借利率为准。

续表

工具种类	调整目的	调整形式	工具期限	调整频率	决策者与交易者
微调业务	在利率走廊内阻止货币市场利率过渡波动	回购协议、货币互换、存款拍卖	1～6天不等	不定时	俄罗斯央行
长期业务					
定期拍卖	保障中长期支付的流动性和改善基本业务条件	以非市场化资产抵押拍卖	3个月	每个月	俄罗斯央行
不定期拍卖	改善业务条件、限制结构性赤字影响到信贷机构流动性	以非市场化资产抵押拍卖	1～3周、18个月	非定期	俄罗斯央行
经常性业务		以非市场化资产抵押拍卖、黄金抵押贷款	2～549天	每周	信贷机构

资料来源：俄罗斯中央银行业务指导手册。

表 6.2　俄罗斯央行外汇市场调节工具

工具种类	调节方式	外汇币种	期限	调整频率
拍卖类业务	外汇回购协议	USD、EUR	1周、28天、1年	每周
经常类业务	货币互换协议	USD	1天,今/明、明/后	每天

资料来源：俄罗斯中央银行业务指导手册。

在注入流动性方面使用到的工具有抵押拍卖、直接回购协议、收购国家债券与俄罗斯银行债券、收购外币等。收回流动性方面则使用存款拍卖、出售俄罗斯国债和央行债券、出售外币等。这些业务中使用频率比较高的工具是贷款拍卖和直接回购协议。俄罗斯央行和政策性银行通过拍卖方式让需要借款的机构竞价完成向市场注资的过程。值得注意的是，为了避免通过拍卖所得的贷款在同业市场重新拍卖或将其兑换成外汇，央行规定信贷拍卖利率要高于银行间市场利率。另一业务是证券回购协议，其始于1996年。它的法律基础是1996年8月12日俄罗斯中央银行颁布的《关于国家短期债券流动服务章程的修订和补充》。1999年之前，抵押直接回购协议业务中主要的债券品种是短期国债和定息联邦债券。2012年俄罗斯银行恢复了股票协议操作。直接回购协议的利率变化与中央银行的再贷款利率变化趋势一致，但要稍低于再贷款利率。

（二）法定存款准备金

《俄罗斯中央银行法》中明确规定法定准备金制度是实现金融政策的重要工具之一。存款准备金率调整的决定是由俄罗斯银行理事会决定的，同时按月管理信贷机构存放的准备金，但不对其支付利息。随着俄罗斯体制转型期间经济、金融形势的不断变化，央行的存款准备金率也依照货币金融发展进行相应的变化，如 1992 年以前只收取法定存款准备金一项，比例为 2%；1992—1995 年则将收取法定存款的类型分作建立账户在一年以内和超过一年的两项分别管理；1995—1998 年，将收取的存款项目进一步细分为：达到 30 天的存款、31～90 天的存款、91 天以上的存款、外汇存款和自然人卢布存款。1998—2004 年又将存款细分项目合并，分作法人和自然人的收取标准。到目前对于法定存款准备金的收取主要分作三类六项：非居民法人机构卢布、外币存款的准备金率；居民自然人卢布、外币存款准备金率；信贷机构卢布、外币存款准备金率。就准备金比率调整而言，频繁波动的时间在 2004 年 7 月—2008 年 9 月，其间针对各项进行了 15 次调整。而在 2009 年 9 月以来，俄罗斯中央银行对法定存款准备金各项调整变动如表 6.3 所示。

表 6.3　俄罗斯银行法定存款准备金率变动情况（2009 年 11 月—2016 年 10 月）

单位：%

<table>
<tr><th>调整时间</th><th>非居民法人卢布存款准备金率</th><th>非居民法人外汇存款准备金率</th><th>居民自然人卢布存款准备金率</th><th>居民自然人外汇存款准备金率</th><th>信贷机构卢布其他存款准备金率</th><th>信贷机构外汇其他存款准备金率</th></tr>
<tr><td>2009-11-01—2011-01-31</td><td colspan="2">2.5</td><td colspan="2">2.5</td><td colspan="2">2.5</td></tr>
<tr><td>2011-01-01—2011-02-28</td><td colspan="2">3.5</td><td colspan="2">3</td><td colspan="2">3</td></tr>
<tr><td>2011-03-01—2011-03-31</td><td colspan="2">4.5</td><td colspan="2">3.5</td><td colspan="2">3.5</td></tr>
<tr><td>2011-04-01—2013-02-28</td><td colspan="2">5.5</td><td colspan="2">4</td><td colspan="2">4</td></tr>
<tr><td>2013-03-01—2013-06-03</td><td colspan="2">4.25</td><td colspan="2">4.25</td><td colspan="2">4.25</td></tr>
<tr><td>2016-07-01 至今</td><td>5</td><td>7</td><td>5</td><td>6</td><td>5</td><td>7</td></tr>
</table>

资料来源：俄罗斯银行。

表 6.3 反映出俄罗斯在 2011 年以来法定存款准备金一直处于上升趋势，表明货币持续回笼，特别是 2011 年连续三次提高法定存款准备金率，而且在调节力度方面表现出对非居民调节程度大于居民。2016 年 7 月俄罗斯银行继续收缩货币流通量，并且又出现了对同一类主体分项调节的情况，如非居民外汇存款的法定存款准备金率为 7%，较非居民卢布存款准备金率高出 2 个百分点。这表明央行希望通过分项调节促进 CPI 和汇率同时趋向政策目标值。

（三）再贷款业务

在俄罗斯央行的经常性操作中，再贷款是央行向商业银行体系补充清偿力的基本工具之一，再贷款依照贷款保证形式分作贴现贷款和抵押贷款两种。由于俄罗斯票据市场不发达，所以再贴现业务发展受到局限，因此以抵押贷款为主。俄罗斯银行与三家政策性银行在银行间货币市场以竞拍方式提供抵押贷款，而抵押物通常选择利率债为主、信用债为补充的操作方式。从期限来看，贷款提供方式主要有日贷款、隔夜贷款、30 天贷款以及 90～180 天贷款。金融市场产品交易的价格空间参照物选择方面，一般将隔夜实际拆借利息作为短期资金价格，而 5 年或 10 年期国债作为长期资金价格。二者价差越大，金融交易越活跃，金融衍生品越丰富，且金融的杠杆效应越明显。图 6.2 所示为俄罗斯银

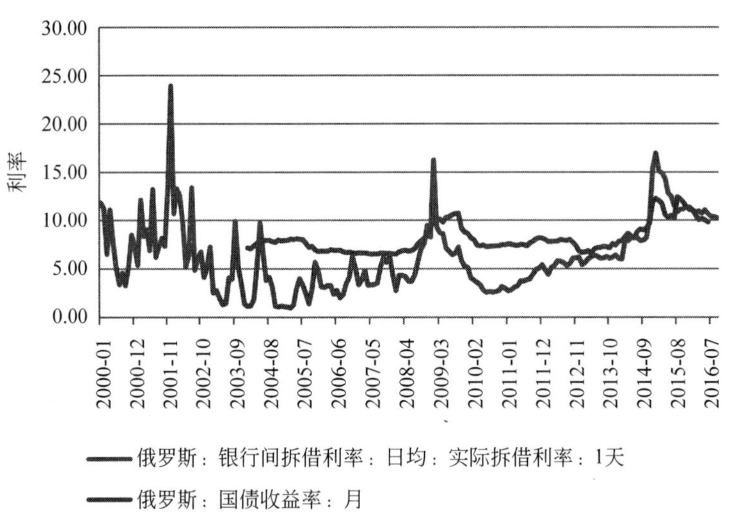

图 6.2　俄罗斯日拆息均值(2000—2016 年)与国债收益率(2004—2016 年)

资料来源：俄罗斯中央银行。

行间隔夜拆借月度日均值(2000—2016年)和国债收益率月均值(2004—2016年)的比较。这二者价差开始收窄的时间是从2005年8月起,2009年1月出现了观察期中第一次长短期资金价格倒挂的情况,即银行间拆借利率为16.25%,而长期国债为10.25%,倒挂期持续1个月;而第二次长短期资金价格倒挂是2014年11月,银行日拆借利率为10.21%,长期国债收益率为9.7%,这一情况持续到2015年7月。对应以上情况观测M2的情况发现,相应时期M2环比增速为零甚至是负值,表明俄罗斯央行收紧货币量。

二、俄罗斯M2与金融发展深度及通货膨胀的关系

2000年以来,俄罗斯中央银行的货币信贷政策逐渐从1998年的金融危机束缚中松绑,国内经济也在宽松的货币政策下逐渐恢复活力,货币发行逐渐增加。图6.3所示的是2000—2016年卢布广义货币发行量。其中2003—2007年和2011—2016年是M2增速较快的年份,但是如表6.4所示,剪刀差(M2-M1)在扩大,特别是2008年后表现得十分明显,说明俄罗斯国内实体经济的投资机会在减少,货币流动性强的部分正在转化为流动性较弱的部分。[①] 尽管俄罗斯广义货币供应量在近几年的增速较快,但是2008—2015年M2的余额

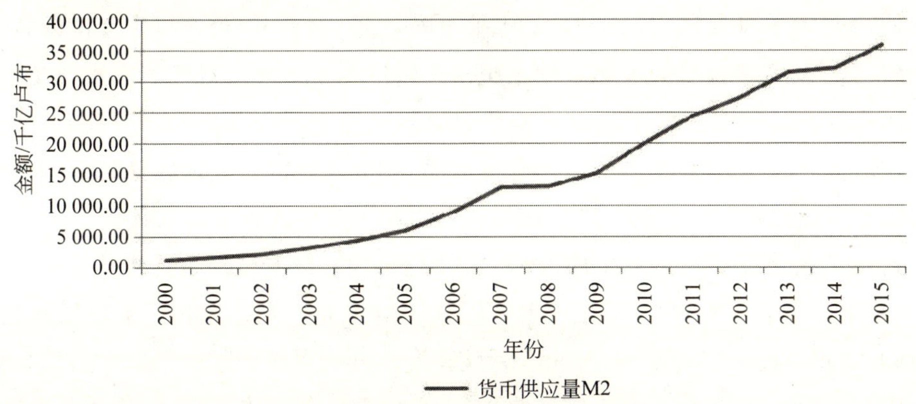

图6.3　卢布广义货币供应量(2000—2016年)

资料来源:俄罗斯银行。

---

① M0表示流通中的现金;M1表示狭义货币供给量;M2表示广义货币供给量。这三个指标的流动性依次为M0>M1>M2的关系。一段时间内若M1的增速>M2的增速,则表示经济处于扩张期,M1的流向基本是消费和股票市场投资;而M2的增速>M1的增速,则表明资金的沉淀。

的年均增速在剔除了每年年初货币投放的影响后，年均环比增速均未超过 2%，而这一数值远未超过同期名义 GDP 的增长的均值。因此俄罗斯流通领域中不存在“货币超发”的现象。

表 6.4　俄罗斯卢布剪刀差（M2-M1）2011—2015 年

时　间	剪刀差（M2-M1）/十亿卢布	时　间	剪刀差（M2-M1）/十亿卢布
2011-12-31	11 175.7	2014-12-31	16 721.8
2012-12-31	13 651.8	2015-12-31	19 323.9
2013-12-31	15 868.1		

资料来源：俄罗斯银行。

俄罗斯是一个银行主导型的新兴经济体，其 M2/GDP 和股市市值/GDP 的比较发现，尽管俄罗斯的资本市场无论是对内还是对外均已经全部开放的情况下，金融市场上银行为主体的融资模式没有发生根本变化。M2/GDP 比率是反映金融深化程度的初级指标之一，尤其是在银行为主体的金融体系中反映的更为贴切真实。因为在以市场主导型的国家，如美、英两国拥有发达的金融市场，实体经济主要通过市场募集资金，因此居民和企业的长期资金滞留在银行体系中较少。那么以银行主导型的金融体系中，M2/GDP 水平与一国收入水平和储蓄状况有关。通常而言，M2/GDP 水平与国家收入成正比，经济发展程度越高，经济货币化程度与金融深化程度也越高。以世界银行收入口径的国家分类来看，高收入国家群的 M2/GDP 突破了 150%，中等收入国家在 110%～90%，而低收入国家则是在 50%以下。从储蓄来看，世界范围内东亚地区最高、欧洲次之、北美地区最低。俄罗斯国民收入与人均收入已经跨入中等收入国家，可是经济转轨给经济带来的剧烈冲击使卢布币值始终是政府维护的首要任务之一，这也成为影响居民储蓄倾向的重要因素。如图 6.4 所示，2000 年前俄罗斯 M2/GDP一直在 20%左右，2000 年后该指标才开始逐渐增加。到 2014 年达到 60.26%的水平。这一水平与目前以银行主导型金融体系的中等收入国家 M2/GDP的 110%～90%水平还相距甚远。

俄罗斯通货膨胀目标制几经酝酿在 2014 年 9 月正式实施。由于是在西方制裁的外部环境下推行，这对通货膨胀目标制的平稳起步增加了干扰，特别是在通胀目标锚定值和稳定汇率之间俄罗斯央行进行着艰难的平衡。通货膨胀目标制度意味着央行将采取一系列措施防止高通胀发生，并在一定程度上保留

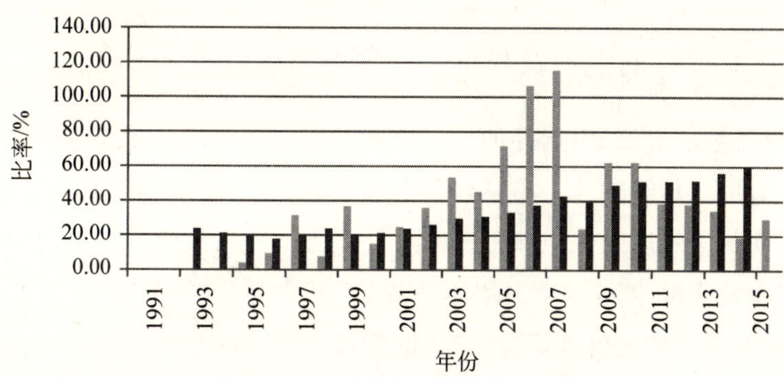

图 6.4 俄罗斯广义货币占 GDP 和股市市值占 GDP 比重

资料来源：俄罗斯银行和俄罗斯莫斯科银行间交易所。

对价格的控制。在俄罗斯这一制度的实施有其自身的特点，并且是沿着以下的逻辑顺序完成的。一是预测通货膨胀，并判断和确定类型及原因；二是测算通货膨胀目标锚定值；三是制定一组控制价格水平的措施；四是发布通胀目标值公告并说服市场参与者共同努力使经济活动趋向锚定值；五是在多变的经济形势下中央银行调控宏观金融运行时，围绕通胀目标值组合运用货币工具；六是评估通货膨胀目标制度下的政策组合效果。

2014 年以来，俄罗斯央行通胀目标制实施中仍辅以利率走廊中介目标，并与汇率之间进行平衡。通胀目标实施前后，货币市场投机者因卢布汇率的剧烈波动而获得了丰厚的利润。俄罗斯银行提高基准利率到 17%，并且为了减少外汇市场的需求同时又推出了在货币回购协议基础上的外汇再融资制度。这一政策表现为俄罗斯中央银行向商业银行操作外汇贷款的正逆回购，达到调节市场卢布投放量的目的。俄罗斯央行使用的是"卢布贬值＋货币紧缩"的政策组合。从货币政策的效果来看，同期制造业企业下降 5%～7%，国内新增贷款萎缩，企业不良贷款不断浮现，而银行的资金流向也开始出现"脱实向虚"，即信贷资金从银企交流转向金融市场中外汇市场的同业交流。以上这些情况影响俄罗斯通胀目标制度的定位以及一些并发的情况发生。为了避免不利情况的发生，首先是俄罗斯银行努力维护着中央银行的独立性，能够不受干扰的使用工具以达到通胀目标水平；其次是俄罗斯银行审慎规避通胀目标制与政府的降低失业和增加工资的目标冲突。

三、 俄罗斯银行的宏、微观审慎管理对新工业化的影响

以《新巴塞尔协议》为指导的全球金融治理过程中凸显出宏观审慎管理原则的重要地位。其管理核心是从经济的宏观层、逆周期视角出发,防范金融体系在顺周期阶段的风险累积和系统风险跨部门传递而采取的一系列管理措施。这一原则在发达国家和转型国家迅速推行,其中包括俄罗斯、中国等"金砖国家"。相较于微观监督管理而言,宏观审慎管理更强调"金融平衡+金融稳定+审慎管理"的操作组合。在克服顺周期风险累计方面,要求金融机构实施逆周期最低资本管理,即银行信用资产规模/GDP 上升,则银行计提资本缓冲上升,以此提高金融机构抗风险能力和平滑跨期信贷投放产生的经济波动。在克服系统性风险跨部门流动方面,使用较多的是流动性覆盖比率(LCR)和净稳定融资比率(NSFR),将银行表内外风险尽可能覆盖监测。

2008 年金融危机后,俄罗斯金融监管体系进行了重大整合调整,如图 6.5 所示,形成了俄联邦政府、俄联邦财政部、俄罗斯央行三方参与;存款保险公司和俄罗斯银行两机构分工协作;中央银行全面监管的金融管理体系。俄罗斯银行系统承担宏观及微观审慎管理职能,主要目的在于强化和提高对商业银行、非银行金融机构的风险监测能力,并加强金融稳定。

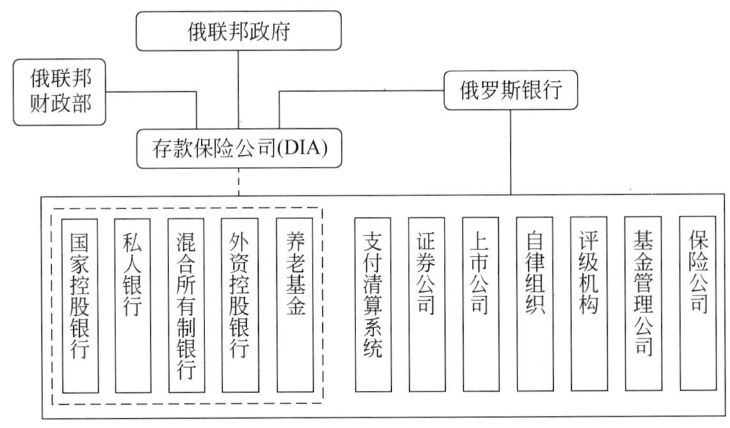

图 6.5 俄罗斯金融监管体系

资料来源:俄罗斯中央银行①。

① 2013 年,《俄联邦中央银行监管修正案》将金融市场服务局和保险监管局并入中央银行,并由中央银行统一实施监督管理体制,这意味着俄罗斯中央银行的独立性进一步加强。

依照宏观审慎的管理原则来看，俄罗斯金融体系当前面临资本流出加剧、银行不良资产疾速上升、投资风险增加且收益率明显下降等问题，而其顺利化解与否直接关系着新型工业化推进的速度。从国际金融市场观察，中国经济增速放缓和石油价格下跌使国际资金投向期限长、收益率固定的债券市场，这对全球股市和汇市造成影响；而俄罗斯国内经济陷于“不良贷款—信贷紧缩”的循环中。一方面，在石油价格崩溃和金融制裁下，俄罗斯生产企业和商业银行的新增融资需求显得格外突出，迫切需要寻找到新的资金来源；另一方面，由于企业生产需求下降、库存增加，进一步催生新的逾期贷款，致使商业银行不良资产出现结构性问题，而这一问题早在 2014 年秋天已经开始。针对以上情况，俄罗斯央行先后使用了汇率和货币回购两种基础工具，搭配公开市场业务操作和窗口指导进行审慎管理。起初，即使基准汇率稳步下降也没有产生积极影响，商业银行不良资产迅速增加，卢布汇率波动性增强，俄罗斯央行的汇率干预效率下降。2014 年 10 月到 2015 年 1 月，俄罗斯银行共花费了 422 亿美元外汇储备，卢布/美元汇率贬值为 81%。外汇储备的急速减少降低了货币政策的灵活性，这同时也成为标准普尔和穆迪在 2015 年 2 月 21 日降低其国际信用等级的重要原因。然而自 2014 年 11 月末俄罗斯央行转换调控工具，重点使用以货币回购协议拍卖为基础加上窗口指导的政策搭配，显著缓解了国际储备的压力。在国际以及国内货币商场上批量交替使用 7 天和 1 个月货币回购协议，从而将货币发行与赎回头寸缩短，并且从 2015 年第二季度开始，俄央行开始增加日均购汇量。以上两项工具的配合促进了俄罗斯外汇储备的稳定。

有效的货币政策组合可以缓释外部冲击引起的波动，使出口企业外汇收入因卢布价值重估促进了财政状况的改善，然而对俄罗斯国内生产扩大和资本投入改善没有产生积极效应。俄国内企业经营活动在当前环境条件下表现为：一是国内市场不确定性风险加大，这不得不使实际生产部门延迟中长期投资计划；二是企业资本投入中将 48%用于偿还债务，而非新增项目投资。同时俄联邦政府为维持通胀目标制度，在汇率贬值的情况下，提高央行货币基准利率至 17%，将利率走廊下限提高，这导致现有实体企业在俄罗斯境内筹资成本提高，投资估值下降，不利于新型工业化中战略创新企业由孵化阶段向产业化过渡。

第二节　俄罗斯银行业的发展

1995年俄罗斯银行体系推行二级银行体系，商业银行从指令性计划体制转向自主经营、自负盈亏的独立核算企业模式。商业银行业态分布也由1993年的"井喷"式发展转变到2014年以来的审慎发展模式。其中俄罗斯中央银行要求法定最低注册资本金从1993年6月的1亿卢布(按当期汇率，9.44万美元)增加到2016年8月的3亿卢布(按当期汇率，518万美元)。而从商业银行的规模来看，经过1998年和2008年金融危机的洗礼，抗风险能力低的小银行数量锐减，银行业务同质化高且竞争力低的银行被并购、重组，甚至退出市场。截至2016年10月，在中央银行注册的信贷机构总数为643家，主要包括商业银行、非银行信贷机构和外资全资控股银行。从商业银行的地理分布来看，这643家注册的商业银行及其分支机构主要分布在中央联邦区373家、西北联邦区51家、南部联邦区39家、北高加索联邦区17家、伏尔加联邦区79家、乌拉尔联邦区29家、西伯利亚联邦区37家、远东联邦区18家。从地区分布可以看出，俄罗斯商业银行大部分集中在莫斯科地区，主要是由于莫斯科拥有最发达和最活跃的金融市场。它将全国的资金和金融寡头集聚于此，便于银行进行资产配置和信息捕捉，但也由此形成了银行分布不合理的状况。这一现象也进一步反映出俄罗斯地区经济发展不均衡的态势。

一、次贷危机后俄罗斯商业银行的经营管理

金融危机后对俄罗斯商业银行的经营、管理与监督都产生了较大的变化。俄罗斯加强对商业银行的监督管理，特别是2014年第三季度以来，俄罗斯商业银行的经营出现的新变化进一步印证了俄罗斯对金融安全的高度重视，如图6.6所示。该图是对俄罗斯银行系统主要指标的反映，其中银行资本/资产比率波动性较大。反映银行抗风险能力的方法方面，国际通用单一比例法和骆驼评级法(CAMEL)[①]单一比例法下主要采用银行资本/资产比率和银行资本/风险资产比率。银行资本/资产比率国际公认的取值范围在5%～10%。由于该指标

---

① 骆驼评级法涵盖五类指标：资本充足率、资产质量、经营水平、收益率、流动性。

未对商业银行资产业务进行风险厘清，所以在此基础上细分出资本/风险资产比率指标。它是在银行总资产中滤去现金、同业存款、放款、利率债资产投资等无风险资产后的资产统计。这一指标更接近真实抗风险能力水平，该值的合意取值范围是15%～20%。如图6.6所示，俄罗斯采用的主要是银行资本/资产比率。2014年10月该指标处于11.21%的高位，至2015年1月跌至8.84%，之后逐渐恢复到9.31%的水平。这其中主要原因为2014年开始全球经济增速转入缓行阶段，并且俄罗斯受到金融制裁影响，进而导致国内实体企业中长期投资规划搁置和逾期贷款增多。于是银行资产业务中信贷资产大规模收缩，而投资业务迅速扩大，包括购买联邦政府债、地方政府债券和公司债券及股票。2015年俄罗斯中央银行加强金融市场的稳定性和安全性监管，一边对不符合经营"三性"原则的商业银行勒令停业整改或撤销牌照的处罚；另一边为部分资产良好但缺乏流动性的银行进行资本金注资。所以至2015年4月后商业银行资本/资产比率企稳。总体而言，俄罗斯商业银行的抗风险能力逐渐增强。

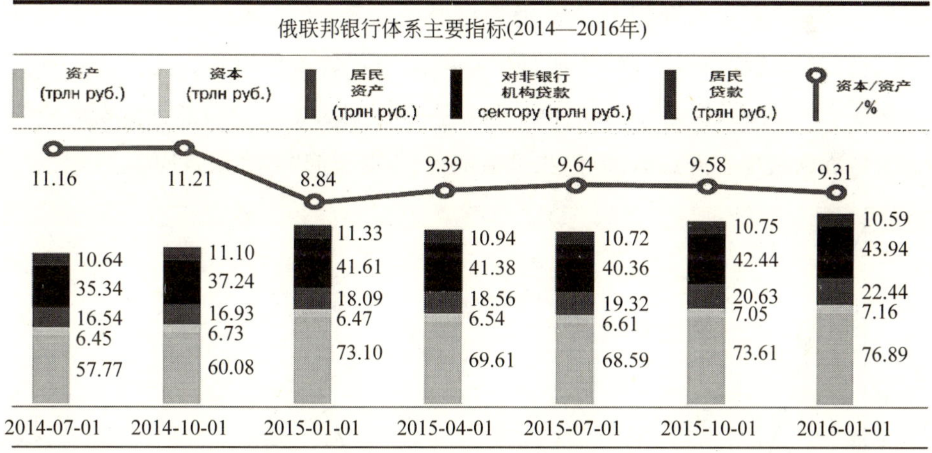

图6.6　俄联邦银行体系主要指标(2014—2016年)

资料来源：俄罗斯中央银行。

而就经营管理来看，俄罗斯商业银行资产业务与负债业务在2016年产生了积极变化。资产业务方面，较2015年来看银行资产业务开始复苏并呈现多元增长势头。公司贷款增速缓慢，但个人贷款规模与占比稳步提升，其中个人住房贷款、消费信贷是主驱动力，非信贷资产业务保持较快增长，但不同银行出现一定程度的分化。至2016年俄罗斯资产业务排名前100强的企业中，除个别银行新增资产规模比率为负外，其余均为扩张态势，甚至出现增速超过 100% 的企业有 4 家，分别为 АКБ《ЭКСПРЕСС-ВОЛГА》、ООО Банк《Аверс》、РНКБ Банк（ПАО）、АО РОСЭКСИМБАНК，如附表 1 所示。从负债业务来看，俄罗斯商业银行负债业务在受到利率走廊制约和金融脱媒的影响下，仍能保持存款规模稳步增长，存款结构基本稳定。说明稳健的货币政策发挥了积极的作用，统筹运用公开市场操作，保持流动性充裕。而从银行的围观业务来看，如附表 2 所示，商业银行的负债业务是弥补银行资本与资产缺口的重要来源，而银行负债的主要对象是实体企业、居民个人、政府和金融同业等。居民存款/负债比率提高说明商业银行商誉增强，并且较高的收益率和丰富的中收业务维护了稳定的客户群，金融制裁后俄罗斯居民存款/负债比率逐渐回升。俄罗斯境内排名前 100 强企业中的三成在企业存款/负债比率指标方面达到并超过 50%。从风险管理来看，2015 年受到中国经济增速放缓和国际油价下跌影响，俄罗斯银行业风险压力持续。从附表 3 所示法人信贷组合规模前 100 强银行和图 6.7 所示商业银行不良贷款率变化来看，2016 年商业银行的逾期贷款/贷款组合比率持续下降，表明俄罗斯商业银行流动性增强。而银行不良贷款却从 2013 年后持续上升，到 2015 年年末时达到 8.35%。虽然俄罗斯商业银行不良贷款呈现上升走势，但仍在可控范围，不易引起“多米诺效应”。

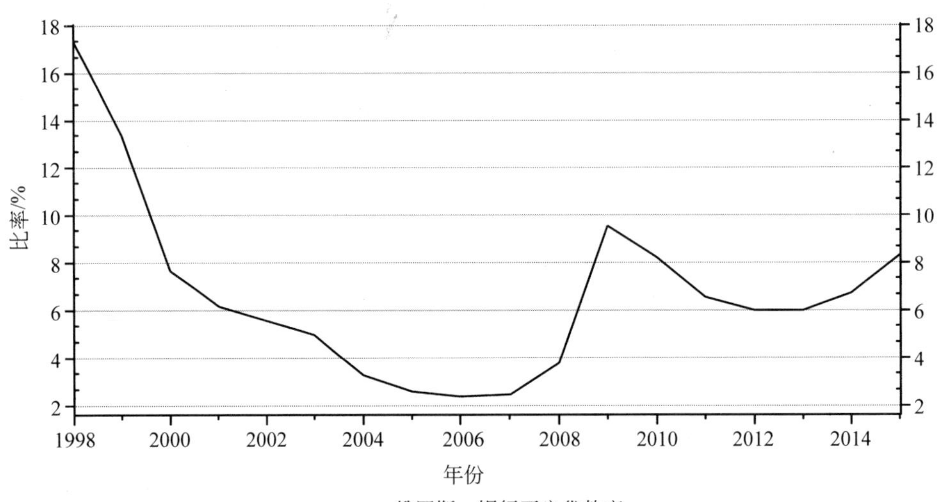

图 6.7 俄罗斯银行不良贷款比率（1998—2015 年）
数据来源：Wind 资讯。

二、俄罗斯银行业存在的主要问题

在国际外部环境冲击下，俄罗斯银行部门的问题主要表现为：银行不良贷款问题继续恶化；银行业并购蓄势待发；外资银行比俄国内银行更具有抗冲击能力；企业贷款风险最高的行业和部门是建筑业和农业；消费信贷过度竞争使零售银行处于生存边缘。

（一）银行系统中不良贷款问题持续

从图6.8中可知，自2014年第三季度开始，逾期贷款增速超过新增贷款增速，并且银行月收益率逐渐下降，严重影响了银行资产质量。逾期贷款增长率高主要原因是由于市场中消费和需求持续收缩导致多数企业借款人财务状况恶化。银行不良资产的增加使中央银行提高拨备计提成本，引发信贷收缩。大企业为了维持经营不惜高息贷款，特别是在一年期短期加权平均利率普遍提高的情况下依然借款经营。这促使银行惜贷和企业断贷矛盾加深，不利于经济恢复和企业生产经营的良性循环。

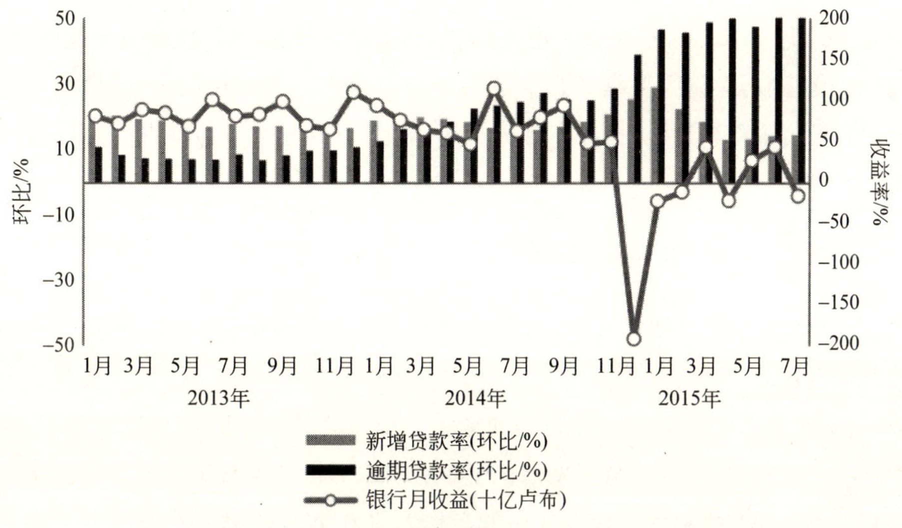

图6.8　俄罗斯资产质量变化情况（2013年1月—2015年6月）

资料来源：俄罗斯银行。

（二）银行系统并购重组蓄势待发

依照国际管理，存款保险协会对商业银行经营管理问题具有早发现、早检测的系统监督能力。目前俄罗斯存款保险协会和银行部门还未完全引入定期压力测试机制，仅围绕俄罗斯中央银行要求最低资本充足率10%进行实时监测。而2015年年末穆迪公司对俄商业银行进行风险压力测试，结果为资本充足率是8.1%。若俄罗斯商业银行不继续追加资本，这一水平将降至8%以下。定期预警机制不足导致具有广泛客户基础和分行网络的商业银行资产质量恶化，同时私人银行赤字增加刺激了银行业并购重组。俄罗斯国内资产规模达到前50强的银行有强烈的并购愿望，希望借此完成市场扩张和增加盈利的目的。

（三）外资银行较俄国内银行更耐受风险冲击

此次危机冲击下，俄国内实力雄厚的私人银行和政府支持的国有银行以及外资银行子公司表现良好。进一步观察发现，当前危机条件下更有利于西方银行的子公司发展。除了拥有获得廉价资金的便利之外，它们不遗余力地在既有商业模式上转型。同时继续在IT业中追加基础设施投资和改进操作流程，实现自动化控制，建立大数据并加大关注客户群管理。在此情况下，外资银行子公司有潜力平稳渡过危机，并在俄国内其他银行疲于应付逾期贷款问题之际抢先触“网”。

（四）企业贷款中逾期贷款高的行业是建筑业和农业

2015年1—7月俄罗斯全社会新增5 620亿卢布逾期贷款。其中增速较快的几个行业是：运输和通信业为46.5%，批发和零售业为54.2%，建筑业为58.1%，房地产交易为69.2%。建筑业是当前最容易出现经济危机的环节，因为这次危机具有长期性，从开发商产生不良贷款后以几何倍数增长。居民消费信贷能力下降和推迟大规模购买房地产趋势的出现，进一步使住房建设市场增速放缓。继2013年12月俄罗斯房地产销售第一次出现跳水后，2015年6月俄国内几家大型房地产开发商房屋销售量均较上年同期下跌50%以上。鉴于建筑业对其他行业的影响较大，它的持续低速发展将会对其他行业产生负面影响。

逾期贷款总规模中农业占了第二大份额，这是因为俄罗斯农业银行为农业部提供一半以上贷款。2015 年 6 月农业银行不良贷款率为 14.6%，导致其很难进行再融资和再贷款，并严重侵蚀银行资本。于是 2015 年 6 月存款保险协会为其注资 100 亿卢布充实资本，缓解不良贷款压力。

（五）消费信贷市场竞争使零售银行挣扎在生存边缘

从 2014 年第三季度开始，逾期个人贷款持续增加。2015 年 6 月逾期个人贷款/总逾期贷款比率为 7.8%。居民收入下降和社会需求不足是导致个人贷款下降的主要原因。零售银行在个人信贷中最难推进的业务是抵押贷款（信用贷款）和汽车消费贷款。

第三节 俄罗斯金融市场的发展

金融市场发展是俄罗斯央行优先发展方向之一。金融市场的有效活动可以促进经济发展和提高居民生活水平，保障货币政策传导渠道畅通，从而为实现中央银行通货目标制创造有利条件。

一、俄罗斯金融市场发展的历史沿革

2005 年以来，俄联邦政府出台了一系列引导性措施，如安排卢布在资本项目下实现完全可兑换、实现国内天然气市场投资交易自由化[①]、完善《公司法》等，积极促进国际市场对俄投资规模不断扩大，金融工具逐渐多样化，同时资本市场实现稳步扩容。因此俄罗斯经济进入恢复性经济增长期后，资本市场逐渐回暖并回归市场本质属性，并且金融衍生品市场开始活跃在海外市场。俄罗斯

① 时任俄罗斯总理弗拉基米尔·普京于 2010 年 9 月 14 日坚决表示，在 2011 年前准备将天然气的消费价格提高到欧洲平均水平，借此提高俄罗斯经济的能源利用率；同时打算让独立消费者进入天然气运输系统。普京相信："这里指的是我国经济的高能源消耗，我们从苏联时代起就是这样。但是，这并不意味着我们准备停滞在今天的状况上。我们准备在俄联邦内部把国内消费者引导到欧洲天然气价格制定模式上来。"普京强调，只有这样才能让经济变得具有竞争力[EB]. http://www.xinhuanet.com/2009-01-15.

金融衍生品交易主要分布在莫斯科、欧洲和日本等地的金融市场。俄罗斯的机构投资者在莫斯科金融市场上交易的主要品种有期货合约、开放式投资基金、期货期权合约；在欧洲市场上主要参与互换业务和票据业务；在日本市场上主要进行 PTC 指数野村资产管理基金业务，如图 6.9 所示。

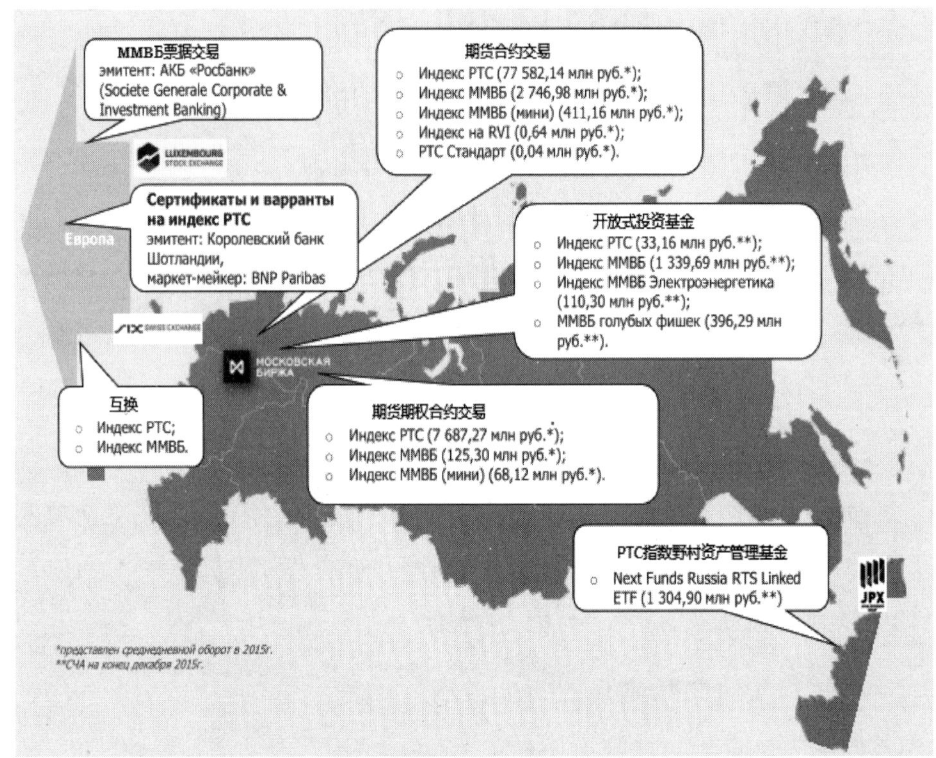

图 6.9 俄罗斯金融衍生品交易市场

资料来源：俄罗斯交易所 http://moex.com/ru/2015。

（一）俄罗斯债券市场发展

根据俄罗斯预算法典，债券被分作内债和外债。内债是以本币计值形式存在的债务，而外债则是以外币计值形式存在的债务。围绕两类债券的发行与流通形成了债券市场和外债市场。俄罗斯国内债券市场上债券类型多样。因发行主体不同而分做了政府部门发行的国家债券与地方债券，以及非政府部门发行的公司债券与银行债券。其中对于国家债券的明细分类中，存在中央银行和统计局两类标准。按照央行对国家债券的分类则分作国家短期国债[①]、联邦政府债券[②]、国家储蓄债券和国内外汇债券。由于长期以来短期国债与联邦政府债券占据绝对优势的市场份额，故作为国内债券市场的研究重点。从图 6.10 中可以看出债券市场从 1993—2009 年的总体发展趋势与结构。国家债券市场在 1993—1999 年占据了绝对的优势，1999 年呈现出三类债券的同时发展。

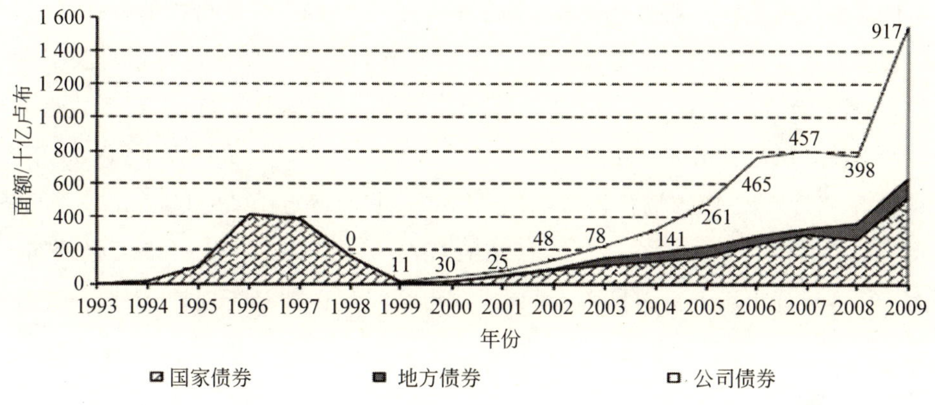

图 6.10　俄罗斯国内债券市场发展(1993—2009 年)

资料来源：俄罗斯证券交易所 http://www.rts.ru/。

虽然自 1993 年开始，卢布汇率制度已改革成为浮动汇率制，但俄罗斯资本市场此时仅局限于本国居民交易。居民对于债券交易尚处在初期接触状态，对债券的资产性质还未完全熟识。于是直到 1995 年以前债券市场的筹资功能并未发挥，企业经营的资金需求依赖财政补贴，这促使政府委托央行以借款的方式增发货币，弥补日渐扩大的财政赤字，通货膨胀急剧恶化。1995 年后俄联邦政府筹集预算缺口资金的方式转作实施发行国债，国内债券市场的情况也发生

---

① 国家短期债券(ГКО)——这是一种无息国家债券，票面偿付期限分作 3 个月、6 个月、12 个月。俄联邦财政部委托中央银行进行所有的组织工作，只保留了债券最低售价的定价权。1993 年 5 月 18 日，首批国家短期债券在俄罗斯“ММВБ”进行首次发行，5 月份后，在二级市场上进行定期交易。在二级市场上 24 家银行与金融公司获得了短期国债市场交易商资格，而持券者则可以是法人、自然人和非侨民。

② 联邦政府债券(ОФЗ)——1995 年俄罗斯联邦政府开始筹备发行。该债券是一种有息的中期国家债券。持券者可以是法人、自然人以及非居民。发售方式以拍卖和二次竞标的方式为主。有固定的受托行以记账形式流通，票面载明偿付利率。注：通常在国际金融市场中，债券的偿付期分作短期(1 年以下)，中期(10 年以下)，长期(10～30 年)；而俄罗斯的通行惯例是短期(1 年以下)，中期(1～4 年)，长期(4 年以上)。

了根本性的变化[①]。由于国债被赋予弥补财政赤字的职能后，其在债券市场上得到了空前的发展。相较而言，地方政府债券和公司债券的发展在规模与结构上都无法与国家债券相比拟。

1999 年后随着俄罗斯国内各类型债券的开展，同时配合相对灵活的浮动汇率制度，在资本放松管制的情况下，公司债券的发展形势异军突起。俄罗斯公司债券的发行主体一般为企业和金融机构。由于俄罗斯金融机构的特殊性，所以政府允许其发行公司债券的可能。俄罗斯公司债券按照面值货币分类有两种，一种是面向国内发行，以卢布计值；另一种是面向国外发行，主要形式是欧洲债券[②]。公司债券的国内债券部分在 2000—2007 年，价格增长了 80 倍。2008 年 6 月末，二级市场公司债券（公募）690 只，总额近 1.7 万亿卢布，占 GDP 4.8%，占国内债券市场 30%。其中 ММВБ 市场 647 只，总额 1.65 万亿卢布。由于债券流通市场上机构投资者的参与，市场交易逐渐趋于理性，因此债券收益率回归到稳中趋增的范围内，由此为实体企业在该市场进行融资提供了保障。

自 2009 年后公司债市场依然活跃，但债权结构发生了变化。2012 年二级市场公司债券交易量上升到 58 万亿卢布，相较而言，2011 年是 36.3 万亿卢布，2010 年是 23 万亿卢布。公司债券市场的流动性在很大程度上依赖于银行系统的流动性。卢布债券市场上最紧迫的问题依然是将公司债变为了国内投机者的工具。公司债债权人结构中的银行份额开始下降，从 2010 年的 42.7%下降到 2011 年的 40.9%，继续下降到 2012 年为 30.6%。但是在银行间交易中，公司债越来越成为银行收购与质押杠杆交易工具，其中 2012 年 12 月回购协议份额占到了公司债券市场交易量的 92%，超过了 2008 年金融危机前的指标，俄罗斯债券市场“脱实向虚”持续。

俄罗斯公司债券市场与股票市场有较高的关联度，这主要是因为股票市场上实力雄厚的大企业在发行股票的同时，也发行信用债券。如图 6.10 所示，公

---

① 以发行国债弥补财政赤字，1994 年弥补预算缺口为 3%；1995 年弥补预算缺口为 60%；1998 年弥补预算缺口为 80%。

② 欧洲债券（Euro bond）是票面金额的货币并非发行国家当地货币的债权，是指以外在通货为单位，在本国以外的通货市场进行买卖的债券。欧洲债券不受任何国家资本市场的限制，免扣缴税，其面额可以发行者当地的通货或其他通货为计算单位。对多国公司集团及发展中国家政府而言，欧洲债券是他们筹措资金的重要渠道。

司债券的大幅增加主要体现在公司债券的欧洲债券部分。由于俄罗斯国内金融市场利率高于国际市场利率，引起具备国际筹款能力的大型企业纷纷在低利率区域增发欧洲债券，以达到降低融资成本的目的。然而自 2012 年开始，俄罗斯债券市场发生了较大变化。如表 6.5 所示，俄罗斯债务总规模从 2011 年的 6.58%上升至 2015 年的 11.9%，国内债务规模增幅高于外债增幅。究其缘由主要是出于以下两点原因：其一是 2014 年 9 月俄罗斯中央银行开始实施通货膨胀目标制。在开始实施前，俄央行通过债券市场收回流动性，驱使实际通胀值向目标值靠拢。其二是 2014 年年末卢布汇率大幅贬值，政府一边动用外储向市场投放美元，另一边增发国债收回市场流动性，达到稳定汇率并维持通胀水平的目的。但是这一货币政策的空间将越来越有限，俄罗斯银行业协会要求采用更积极的货币政策恢复经济活力和保持银行流动性充裕。

表 6.5 俄联邦政府债券(2009—2015 年) 单位：十亿卢布

年份/月份	2009-01	2010-01	2011-01	2012-01	2013-01	2014-01	2015-01
俄联邦总债务	2 660.73	3 230.70	4 152.87	5 342.95	6 519.77	7 543.78	1 0299.12
GDP/%	6.65	6.42	6.58	7.5	8.28	8.45	11.9
ГКО-ОФЗ	1 499.82	2 094.73	2 940.39	4 190.5	4 977.89	5 722.24	7 241.17
GDP/%	3.7	3.97	4.4	5.65	5.98	5.99	9.2
俄联邦外债	1 160.91	1 135.97	1 212.48	1 152.4	1 541.88	1 821.54	3 057.95
GDP/%	2.95	2.45	2.28	1.85	2.31	2.46	2.7

资料来源：俄罗斯证券交易所 http://www.rts.ru/。

（二）俄罗斯债券市场的特点

俄罗斯国内债券市场的特征主要表现为以下三个方面：其一，有价证券市场的对外开放度和参与主体方面；其二，国家有价证券市场的规模与收益方面；其三，国家有价证券市场在宏观经济中的积极作用与消极作用方面。

债券市场特征首先体现于对外开放度和参与主体方面。1994 年俄罗斯证券市场最重要的政策变化是进一步对外资开放，允许非居民进入市场，非居民获得了购买不超过短期国债发行总额的 10%的权利。1996 年进一步扩大对非居民开放证券市场，外资大量流入，国债市场中的资金供需矛盾得到缓解，短期国债收益率大幅下降。而在 1998 年金融危机过后，2001 年短期国债——联邦政府债券市场上非居民占投资者总比重下降到20%。2002年该指标进一步降低到了5.9%。国家债券市场上先期因本国居民参与不足致使市场上资金短缺，进而政府引入非居民入市。然而外资进入后表现出较强的投机性，即收益率高时入市，金融危机来袭时撤出。所以俄罗斯政府可以吸引资金进入债券市场，却无法引导资金从投机性质变为投资性质。进入2000年后，俄罗斯国内经济形势稳定，整体经济步入快速的恢复性增长阶段。由此外汇储备增加，稳定基金①也大规模增长，这为提高干预市场的能力做了充分的准备。与此同时，由于国债市场的收益率已开始趋于正常，所以非居民的投资趋于理性。这并不意味着外国投资的下降。到目前为止，这个市场仍是世界上投资回报率最高的证券市场之一。②

债券市场的特征之二体现于债券市场的规模和收益方面。依表6.5所示，政府国债发行规模占GDP比重逐年递增。2016年5月由俄罗斯外经贸银行主要承销的俄罗斯欧洲债券重启了经济制裁后的西欧债券之旅。自2000年以来，俄罗斯债券市场比较真实迅速地反映宏观经济的运行情况，因为国债长短期利率差映射出经济的景气状况。长短期利差收窄说明经济前景不乐观，极端时存在长短利率倒挂利差为负的情况，这表明宏观经济有可能将在未来6个月出现经济衰退。如图6.11所示，俄罗斯国债市场上短期、中期、长期券种收益率的表现。长短期利差收窄并出现利差倒挂的时段是2008年上半年开始和2014年第三季度以后，利差持续收窄并剧烈波动显示出该时期俄罗斯经济堪

---

① 俄罗斯稳定基金——据国际货币基金组织的统计，目前已正式设立主权财富基金的国家或地区共有36个，2004年以后设立的主权财富基金有5个，其中包括俄罗斯。俄罗斯于2004年1月1日建立了自己的主权财富基金——稳定基金，从2008年2月1日起，稳定基金拆分为储备基金和国家福利基金，两种基金被赋予不同的功能。"稳定基金主要由两部分构成：一是石油出口现实价格与基础价格之间的差额，以超额出口税和超额资源（石油）开采税两种方式收取；二是上一财政年联邦预算资金的剩余部分及稳定基金运作收益，其中超额税收收入是稳定基金的主要来源。基金的主要管理者是俄联邦财政部。稳定基金建立之初，俄产乌拉尔牌石油基础价格定为20美元/桶，自2006年1月1日起提高至27美元/桶。作为国家的战略储备，规定稳定基金的资产币种构成为：美元45%、欧元45%、英镑10%。实际外汇币种构成与规定币种构成的偏离幅度为：美元±5%、欧元±5%、英镑±2%。"引自李建民。俄罗斯主权财富基金管理评析[J].国际经济评论，2008(3)：54。稳定基金的建立不仅发挥了使国家财富保值增值的功能，同时对稳定国内宏观经济也起到了一定作用，由于基金的蓄水池功能，冲销了由石油美元增长带来的过多的货币供应量。据俄财政部数据，2006年8月—2007年8月，国内货币供应量增长了51%，如果没有稳定基金，控制通胀将会面临更大的压力。

② 安德瑞·陆，俄罗斯是世界上回报率最高的证券市场，"2007年中国国际资本市场论坛"会议发言，北京：2007年9月1日。

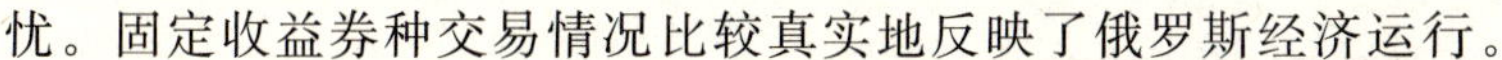

忧。固定收益券种交易情况比较真实地反映了俄罗斯经济运行。

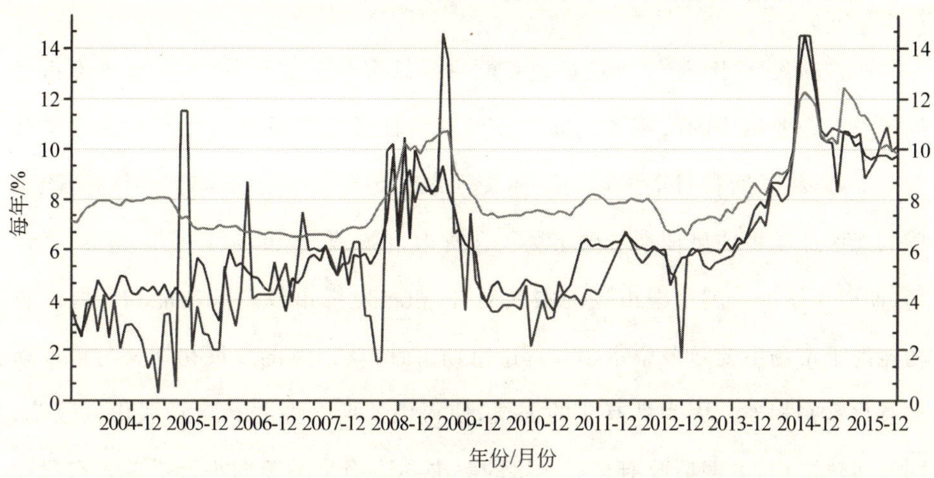

图 6.11　俄罗斯国库券—联邦债券月收益率（2003—2016 年）

资料来源：Wind 资讯。

债券市场特征之三体现于国内债券市场的作用方面。发达的有价证券市场通常发挥三大基础性作用——筹资功能、资产定价功能、资源配置功能。通过观察我们发现，俄罗斯债券市场发展之初被赋予了解决财政预算赤字的重任，这必然使俄罗斯债券市场与政府财政预算关系更加紧密。政府硬预算的实施使债券市场更加繁荣，同时宏观经济中的通胀问题也得到缓解。这一切冲淡了人们以债券市场功能来衡量俄罗斯市场功能的完善程度。债券市场的过度繁荣将有限的资金都吸引到该市场上来，引起信贷市场上出现了对实体经济投资的“挤占效应”，信贷供给不足。自 1999 年起，俄罗斯经济逐渐回暖复苏，预算收入开始增加，同时有价证券市场上的债券结构也发生了变化。短期债券发行规模在国债市场、地方债券发展放缓，而公司债券异军突起。有影响力的大公司通过欧洲债券发售所募集的资金，也非全部用于其生产投入，而是将募集的资金用于投资国债市场。虽然近几年国债市场收益率较以往是下降的，但与世界同期其他地区相比，收益率仍相当高。所以，尽管债券结构发生变化，但是参与主体的投机性依然存在，债券市场的资源配置功能仍无法充分发挥效力。

（三）俄罗斯股票市场的发展

在转轨经济中，证券市场承载着配置稀缺资源的重要使命，并且证券市场的建设与企业制度的改革紧密联系。俄罗斯证券市场发展的目标是建立国际金融中心，将莫斯科打造成可与华尔街匹敌的国际金融都市，实现国际金融市场的地区作用力。俄罗斯金融市场包含货币市场、资本市场、外汇市场、期货市场、期权市场等。就金融市场的实践而言，积极发挥市场调节功能和资源配置功能的子市场中要数股票市场和货币市场，而股票市场的发展初期又与俄罗斯私有化紧密相连。因为私有化的需要，使得俄罗斯企业先行启动股份制改革，同时转轨之初，俄罗斯政府预算赤字的解决办法仍是不断向央行借款。在股改的过程中，出现了1994年后的股市过度投机，导致了诸多企业并未因私有化的实现而提高劳动生产率和市场竞争力，股东得不到回报，更甚至许多企业陷于资不抵债的境况。同时俄政府的软预算约束导致国内通货膨胀，于是将政府预算改由发行债券方式弥补。股市的不利，驱使民众将资金投向债券市场，故而债券市场开始繁荣。

俄罗斯经济转轨中私有化过程催生了股市畸形繁荣发展。1990年《苏联(境内)企业法》和《股份公司创立章程》相继颁布，确立了企业可通过股份制方式募集资金，并具体规定了股票，股票期权、政府公债、债券的基本原则和发行程序，为后期证券市场的建立提供了最初的法律依据。1992年俄罗斯开始了大规模的私有化，企业员工和居民均获得公司股份[①]，然而由于企业身份的瞬间置换，法律地位上实现了独立自主、自负盈亏，然而生产方式并未发生根本性改变，这使员工持有的股票在收益性和流通性方面并未实现真正的资产价值。于是在转轨初期市场中出现了廉价敛券的经纪人。1994年在政府组织支持的情况下，开始实施“现金私有化”，促进股市形成有组织秩序的交易活动，同时产生

① 1992年10月俄罗斯政府向每个公民发放面值1万卢布的私有化证券，全国共发放1.5亿卢布的私有化证券。该证券可以购买国有资产和私有企业的股票。

了 RTS 指数作为挂牌交易的重要参数[①]。如图 6.12 所示，1996—1997 年股市出现了过度投机，股指大幅攀升。1998 年，当亚洲金融危机波及俄罗斯的时候，国外投资者迅速撤资，导致蓝筹股股价下跌了 97%[②]，其余股票交易几乎停止，股指最低跌至 1998 年 10 月的 39 点。证券市场一度关闭，政府债务重组。金融危机过后，俄政府通过了《投资基金法》，重新修订了《股份公司法》《有价证券市场法》，并修改了《刑法》，其中强调对有价证券市场上的犯罪行为追究刑事责任，为股票市场的建立与发展提供了法律和制度保障。

2003—2008 年由于国际大宗商品价格上扬，俄罗斯矿产品类上市公司的股票价格指数上涨，迅速提振了俄罗斯股市。PTC 指数于 2008 年 5 月创出历史新高 2 488 点。2008 年全球金融危机所带来的经济衰退导致石油需求明显下降，原油等大宗商品价格泡沫破灭；由于经济结构过度依赖资源出口，银行资金不足等原因，俄罗斯经济在金融危机下受到严重打击。俄罗斯股市已创下自 1998 年 8 月金融危机以来的最大跌幅。如图 6.12 所示，股市不断下挫，一度暴跌 78%至 2009 年 2 月的 500 点。随着全球经济的缓慢复苏，能源价格在全球史无前例的宽松货币政策下开始反弹，股市也较快复苏。到 2010 年 12 月，股指达到了近 1 800 点，经济恢复显著。在俄罗斯股票市场上，筹措固定资产的金融工具 IPO 和 SPO 因发行筹措的资金使用期限较长而要比公司债更受欢迎。股票的价格受到诸因素的影响，世界能源行情特别是石油和天然气的价

---

① 1992—1993 年《关于有价证券发行与流通及俄罗斯联邦证券交易规则》法案和一系列私有化企业凭证流通法案颁布实施后，股票市场得到了进一步发展。也由于前述法案规则的颁布，使得国家发行的公债、企业发行的股票、银行发行的金融债券及信托凭证等，一时间广布金融市场。由此促成了一大片金融交易中心的成立。林立的交易所因信息及规模等多方面原因，较难发挥出大型交易所应具备的金融中介功能。于是诸多交易所开始合并，并创建了俄罗斯的主要交易系统：俄罗斯交易系统(PTC)，该交易系统由证券市场参与者协会(ПАУФОР)建立的“Портал”交易系统演变而来，形成了 PTC 系统(英译为 RTC)系统。国际上许多投资银行根据 PTC 指数的变化来评价俄罗斯的经济形势。另一个大的交易系统是莫斯科银行间交易系统(ММВБ)，1997 年 ММВБ 建立了自己的交易平台。2000 年建立了“Шлюз”系统，为更多的交易公司提供了网络支持，使其能与交易所系统对接，进行独立交易。截至 2003 年 10 月 26 日，持有金融市场委员会颁发的营业许可证且运营中的交易所有 20 家，而 ММВБ 是场内交易的核心，PTC 是场外交易的核心。二者交易量覆盖全俄交易量的 95%。

② 俄罗斯上市公司的股票由于流动性的明显差异而产生了两类股票，一类是业绩优良、长期稳定增长的具有高流动性的股票，即蓝筹股。这类股票大多集中在能源、原材料类行业(以天然气工业股份公司、鞑靼石油公司、“卢科伊尔”“尤科斯”“西丹科”为代表)和股份制商业银行(以“英科”银行、“俄罗斯统一电力系统”及“图姆”为代表)。另一类则是流动性较差甚至是很少交易的“休眠”股票。这类股票品种过千，但真正流动的也只有几百种。

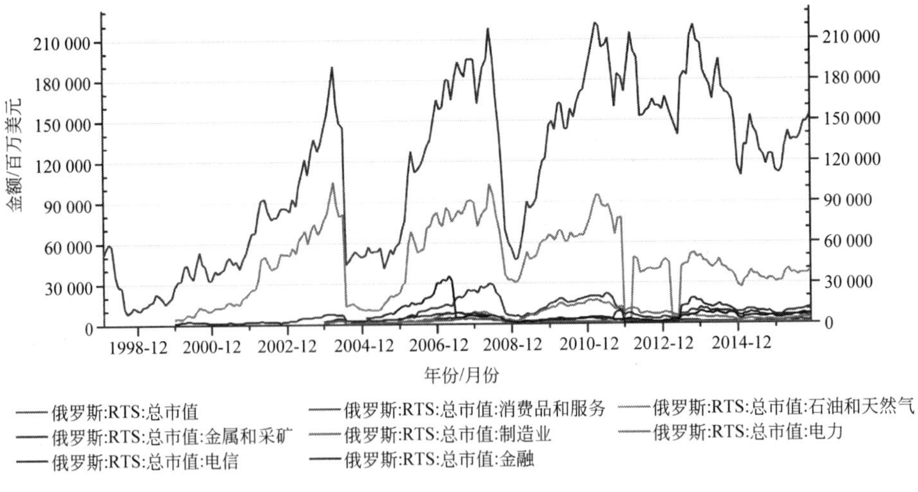

图 6.12　俄罗斯股票价格指数动态(1996 年 2 月—2016 年 12 月)

数据来源：Wind 资讯。

格行情影响着俄罗斯公司股票价格，外国投资者的投资行为；卢布汇率的波动；全球经济与金融的不稳定等，这些因素均为俄罗斯当局经济政策主导之外的范畴。

（四）俄罗斯股市的特点

俄罗斯股票市场经历了 1999 年之前的两种汇率制度快速更迭和 1999 年后的管理浮动汇率制度时期，股票市场发展呈现出如下特点。

(1) 俄罗斯股票市场的有效性呈现弱势有效状态①。各国际金融中心的发展表明，无论是战后千疮百孔的经济局面，抑或金融危机后的经济举步维艰，均是促进有价证券市场发展的良好契机。俄罗斯利用了这一机会，在较短的时间内市场有效性得到发展。股票市场有效性体现在投资者能够公开获得市场信息，并由此进行各自资产组合规划。对于俄罗斯股票市场有效性的讨论，国内

① 有效市场假说(efficient markets hypothesis，EMH)是由尤金·法玛(Eugene Fama)于 1970 年深化并提出的。有效性反映了证券市场的基本运行质量和效率。有效市场分为内部有效市场(internally efficient markets)和外部有效市场(externally efficient markets)。内部有效市场主要衡量投资者交易证券时所支付交易费用合理性；外部有效市场是探讨证券的价格能否迅速地反映出所有与价格有关的信息。而对外部有效性检验时，形成了有效市场假说的三种形式：弱势有效市场假说、半强式有效市场假说和强式有效市场假说。

学者王建丰(2008)通过对俄罗斯资本市场进行实证分析时得出结论：随着产权的明晰、监管的完善、市场成熟度的提高，表现为俄罗斯资本市场的价格由上市公司的业绩来决定，俄罗斯资本市场显示出弱式有效状态。马莹(2009)在其论文中利用定量分析检验得出，俄罗斯股票市场呈现弱式有效性。

(2) 俄罗斯股市的参与者有别于西方成熟经济体的股市参与者。西方国家居民 80%会积极参与到有价证券交易中，他们当中九成以上是通过各种专业投资理财基金和公司来代理的。转轨初期，俄罗斯全民顷刻间变成股东，在不熟悉资本市场的情况下，充满了对自有资产资本化后的幻想。然而企业私有化只是从形式上解决了所有权的问题，而企业的运行机制并未改变，因此股票市场的效率及收益率均表现较低。同时，俄罗斯政府及证券市场并未给居民创造自由买卖有价证券和保护投资收益所得的条件，所以中小投资者逐渐在政府鼓励机构投资者进驻的情况下，占据市场参与者的份额越来越小。机构投资者中以商业银行、养老基金、保险基金与外国投资基金为主。由于机构投资者资金雄厚，拥有大量的专业从业人员，在对信息的收集、处理方面拥有充分的优势。中小投资者可以借助投资于证券投资基金而间接地投资与股票市场，进而机构投资者的优势被借助。股票市场中机构投资者的参与减弱了“羊群效应”，是市场心理预期趋于理性，同时有效性也被提高。然而在俄罗斯的机构投资者中尤以外国投资基金为主[①]。外国投资者参与的主要目的是获得投机收益，缺乏对长期获利收益的关心与耐性。因此，股市上充斥着投机性的外国投资者，他们成为俄股市上的风向标，并加重了市场的动荡。

(3) 俄罗斯股票市场交易集中。目前，俄罗斯有上市公司 500 多家，经纪公司、中介公司有 1 800 多家，提供股票、债券、期货等交易服务。这些债券市场上较活跃且运营状况良好的要数上市公司，主要集中在石油与天然气(Нефть и Газ)、日用消费品(Потреб товары)、冶金采掘(Металлы и добыча)、工业类(Промышленность)、电力(Электроэнергетика)、通信(Телекоммуникации)和银行金融业(Банки и финансы)。而这其中尤以金融银行类、能源类和金属采掘类为主。能源类股票占总体市值约 70%，易受国际外部环境的影响。俄罗斯股市与国际能源市场价格密切相关，其中矿产品类股票所占比重较大。能源类

---

① 外国投资基金中有来自国外市场的投资，同时也存在国内资金外逃假以外资的名目流入。

ОАО Газпром(25%),ОАО ЛУКОЙЛ(25%),ОАО НК Роснефть(19%),金属采掘类 ОАО ГМК Норильский никель(25%),ОАО НЛМКОАО(20.2%),Полюс Золо(17.03%),金融类上市公司中以 ОАО Сбербанк России(25%),ОАО Банк ВТБ(25%)[①],这说明交易比较集中在这几类股票上。

(4) 股票市场高度市场化与国际化。俄罗斯一直按照转轨经济发展前景所期待的远景,将证券市场国际化。在不同的发展阶段都有不同的诠释。普京对俄罗斯证券市场进行了规划,希望在2020年以前上市公司市值达到RUB 170万亿,成交额达到RUB 240万亿,占GDP达146%水平。2020年的债券市场规划既是俄罗斯政府的良好愿望,同时也是符合一国经济发展中贸易国际化后,金融及投资国际化的要求。然而这一过程不可一蹴而就。首先因为俄罗斯股市允许非居民进入且自由交易。这为俄罗斯吸引资金提供便利条件的同时,也将危险潜伏于身边。其次俄罗斯除汇市国际开放外,股市也在逐渐放开。可以观察到俄罗斯的股市"欣欣向荣"之时,往往背后不完全是实体经济的社会生产创造。在此情况下,国际市场游资方便进入,特别是有任何风吹草动都会波及俄罗斯证券市场。

二、 2016—2018年俄罗斯金融市场发展基本方向

国际金融制裁和油价下跌令俄国内融资来源备受关注,于是寄希望于俄罗斯金融市场,特别是在刺激国内投资和创造有利融资条件的任务中能够脱颖而出。1998年金融危机后俄罗斯中央银行逐步提高了货币政策的可预测性和透明度,并且俄联邦中央银行独立性逐渐得到了国际认可。为使俄罗斯经济走出目前困境,俄中央银行和政府协同制定并公布了《2016—2018年俄罗斯金融市场发展方向》。该文件规定每三年一次修订关于俄联邦中央银行法律,实现制度建设、法律规范与市场需求的同步发展。联邦政府坚定执行《2020年俄罗斯金融市场发展战略》《2020年俄罗斯保险市场发展战略》《2020年俄罗斯福利体系发展战略》,并通过了《全国支付结算体系发展战略报告》。

2016—2018年俄罗斯金融市场的发展目标:一是丰富金融产品,便捷资产保值增值、提高居民生活水平;二是保障资本需求满足,促进经济增长,控制风

---

① 上市公司在各分类中的交易量所占比重出自 http://www.rts.ru/,2010年12月31日数据。

险蔓延；三是完善金融市场，超越行业水平，繁荣俄罗斯经济。为了实现这些目标，俄央行规定在2016—2018年要完成以下十项主要措施：第一，保护金融服务消费者的权利，提高居民对金融工具的认识；第二，改善对家庭和中小企业的金融服务；第三，抵制金融市场的不公平行为；第四，完善上市公司的公司治理，增加股权融资吸引力；第五，深入发展债券市场和银团贷款；第六，完善金融市场监管，加强市场参与者债务优化管理；第七，加强金融从业人员培训；第八，推广使用电子业务处理机制；第九，制定和实施全球金融市场细则中的国际金融合作机制；第十，改进金融市场工具，确保金融市场稳定。

围绕发展目标和十项具体措施，俄罗斯央行还进行了配套措施建设。首先为了解决金融中介的稳定性，俄罗斯将开展一系列综合性工作，包括建立预警机制和市场参与者的风险识别体系；促进各类避险工具和保险工具的发展；在非歧视性原则基础上运用国际金融原则和调节机制。其次为了吸引稳定资金来源，金融市场有必要实施一系列措施，旨在支持养老金基金和人寿保险基金入市。为了提高利率风险、汇率风险和流动性风险管理，则需优先发展债券市场。然而它的成功运作依赖于俄罗斯央行再融资系统的运行、衍生品市场的发展、货币市场的稳定和私人养老金与寿险投资的结果。这一部分的发展可以克服市场资金短时需求。最后是鉴于当前金融业发展水平和信息技术的使用程度，俄罗斯央行认为优先确保先进技术进入俄罗斯金融市场。这将有助于维持该行业的竞争力，并提高居民和企业的交易便利性。同时未来降低金融消费者的服务成本，俄罗斯央行会同有关部门关注金融中介服务质量和防止网络犯罪。

三、俄罗斯金融市场发展水平的国际比较

俄罗斯金融市场建立较早，然而发展和繁荣却是在全球化背景下的近10年间，其中有价证券市场化发展、跨境投资交易规模增加和世界金融中心竞争加剧尤为突出。这在俄罗斯看来是有进步的，但横向比较来看，金融市场建设仍需多方面努力完善。

由世界经济论坛组织的2015年《全球竞争力报告》显示，参与竞争力指数比较的主要国家有140个，其中俄罗斯居45位。这一水平与金砖国家和哈萨克斯坦可以比较，但与二十国集团相距甚远，如图6.13所示。然而从全球竞争

力指数的 12 个构成因素之一——金融市场发展这一因素看，在 140 个国家比较中，俄罗斯居 95 位，明显落后于二十国集团。从金融市场发展指标的子项目逐一观察，俄罗斯银行系统稳定性——115 位；证券交易监管——97 位；国内股市融资——88 位；市场合法权利指数——88 位；金融服务实用性——67 位。就金融市场服务实体企业而言，根据"保护中小股东"指标来看，俄罗斯明显滞后于欧洲经济区国家和部分"金砖"国家。该项指标评分是 10 分满分，俄罗斯获得 5.7 分，这说明迫切需要改善保护中小投资者的措施。与新兴市场国家相比，俄罗斯金融发展虽然单个指标不及个别国家，特别是市场发展的深度和金融机构发展水平方面，但是从整体上仍是优于大多数新兴市场国家。

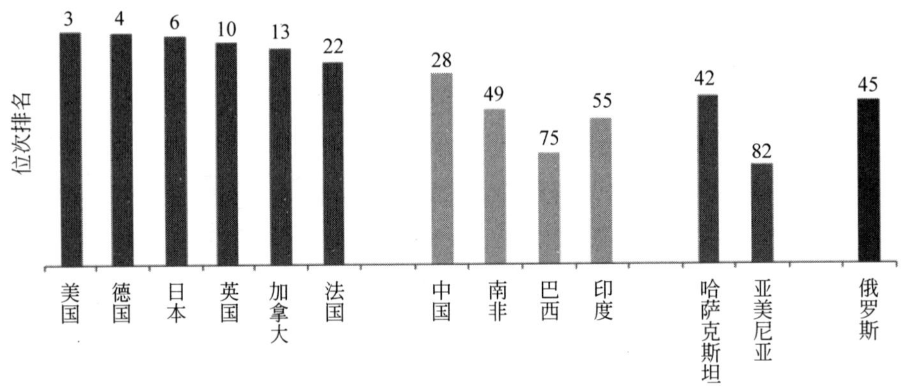

图 6.13 2015 年 140 个主要国家全球经济竞争力比较

资料来源：世界经济论坛(IMF)。

在全球竞争力方面，俄罗斯金融市场发展的重要任务是在俄联邦范围内建立国际金融中心。这一重要认识的形成始于 2008 年，全球金融危机揭示了对经济多样化的迫切需求，其中包括通过发展竞争性的金融部门和专业性的金融服务。因此在俄联邦总统下设立了国际金融中心小组，目前该小组依照计划继续推进建设进程。

四、俄罗斯金融市场发展现状

俄罗斯金融体系是一个银行主导型的金融体系，这从信贷机构与非信贷金融机构的资产规模比较可以看出，银行资产规模具有显著优势特征。俄罗斯金融体系结构形成的特点与诸因素有关,这其中包括金融市场上居民低活跃性、金融机构提供服务偏好变化和对非银行金融机构低信任度密切联系。相较其他储值金融工具而言,俄罗斯居民对银行存款的高需求与其一系列保障措施有关。银行储蓄业务融合了高收益率、利息收入税收优惠、外币存款汇差补贴和存款保险制度等保护措施。对于广大居民储户而言,储蓄金融工具熟悉、便捷且易操作。另一类用于家庭资产保值的工具是理财项目,然而俄罗斯家庭理财业务受到股市、债市及基金市场发展不振的影响,理财资金归集投资没有很好的投向,不能如约保障理财计划收益,因此理财项目发展缓慢。此外,大多数国家养老基金的资产业务有相当大比例是投放在股票市场中[①],俄罗斯养老基金的资产业务中占最大份额的是固定收益类的金融产品,而投放到股市的份额远低于世界平均水平。因此俄罗斯养老基金仍不是经济主体的长期资金来源。

世界上大多数国家都将寿险计划产品作为吸引居民储蓄的重要工具,这是长期投资的主要工具。在俄罗斯尽管近几年寿险保险市场发展较快,然而寿险保费收入/总保费比率为 12.7%,而发达国家这一指标水平为 50%;俄罗斯寿险保费收入/GDP 比率近乎零,而发达国家的这一比率为 1%~15%。俄罗斯寿险公司总产 2015 年测算略超过 0.5 万亿卢布(占 GDP 0.6%)。而所有保险业的资产总额约为 1.6 万亿卢布(占 GDP 2%)。这显著逊色于俄罗斯银行体系。

比较而言,低收入水平国家的投资者中散户投资者多倾向于选择共同基金和证券交易。2015 年年底,俄罗斯开放式共同基金达到 11 010 亿卢布,这是散户投资者的主要投资工具,占 GDP 比值为 0.2%。而俄罗斯的共同基金市场是以封闭式共同基金为主,其参与者多为合格的投资者,这一类型的基金中以房地产基金为主。2015 年年底封闭式共同基金占 GDP 达 3.3%,这与其他发展国家相比仍不算高。

俄罗斯股市市值在 2015 年达到 28.8 万亿卢布,占 GDP 为 35.6%,显著低于全球市值/GDP 比率 82.3%的世界水平。俄罗斯股市 P/E 比率比美国低了

---

① 根据 OECD 2015 年数据,全球养老基金平均 20%投放到股市,50%投放到债券市场。

400%，比中国低了200%。而股市注册的自然人用户数量，根据莫斯科交易所统计，2015年年底达到130万人，占总人口的0.9%，占经济人口的1.7%。目前俄罗斯金融市场的特点是低市值流动和企业债/GDP水平较低，股票和债券市场融资能力远低于银行贷款。同时无论是银行部门还是股市和债市及其他市场均表现出较高的市场集中度，这不利于产业部门的均衡发展，尤其是在新型工业化阶段战略型产业从孵化期向产业化方向发展的过渡。

第七章

俄罗斯新工业化进程中的融资安排

第一节　俄罗斯新工业化发展

1999—2008 年，在普京的励精图治下，俄罗斯经济出现了连续 9 年 GDP 以 7％的增幅拉动经济增长，经济体量迅速扩大并跨入世界经济七强之列。不少经济学家用“崛起”来描述俄罗斯经济的走强态势。这是资源型经济带来的发展红利，然而资源型国家不可避免地要迎来资源经济红利的减退乃至消失过程。因此普京政府再度面临经济发展与经济增长的艰难抉择，提出再工业化发展道路。相较于苏联时期的工业化发展模式而言，这一次被称为新工业化（Новая индустриализация）抑或是第二次工业化（Вторая индустриализация）。

一、俄罗斯新工业化演进

2008 年 2 月，时任普京总统在国家杜马会议上做了《2020 年俄罗斯发展战略》报告，第一次正式提出了将创新发展战略作为新时期俄罗斯经济发展的长期战略。同年 5 月，普京出任俄罗斯总理进行就职演说时规划了实施该战略的目标和手段。2008 年 8 月，在梅德韦杰夫总统任期内公布了前总统普京离任前亲手制定的《俄罗斯联邦长期社会经济发展构想》，体现了“梅普组合”对创新战略的认识高度一致，并保障了俄罗斯经济发展战略的平稳性和延续性。2008 年全球金融危机后俄罗斯经济受到了强烈的外部冲击。2011 年 5 月普京在出席国家杜马的政府活动中声明了国家发展的新道路，即俄罗斯必须发展新工业化，并且非采掘业部门在国民经济中优先发展。这是基于满足市场盈利能力、投资回报率等一系列市场行为基础上实现本国发展与国际市场需要的产业化策略。而 2008 年金融危机前的创新战略恰是俄罗斯新型工业化发展战略的灵魂与核心。2011 年 11 月“瓦尔代”国际会议中普京同与会者围绕俄罗斯新型工业化社会的发展目标、新工业化中的企业载体、突破点、俄罗斯科技水平发展现状和工业化模式选择及技术解决等问题展开讨论。[①]

对俄罗斯新工业化的发展目标而言，普京提出“实际上我们是在去工业化的条件下谈后工业化社会的突破问题。当前主要的问题是‘重启’民族工业，本国必须能够规模化生产出具有国际竞争力的产品。我们的中小企业，他们是新一代的现代化企业，是振兴民族工业的载体。为了保障企业高附加值产品生产，我们必要时可以引进先进技术和管理，借此提高中小企业的生存能力和同业国际竞争力。”“我相信，俄罗斯启动第二次工业化发展模式后，能够使我们成为世界上第五大经济体，人均 GDP 达到 3.5 万美元。”

对俄罗斯当前的技术发展程度而言，其处于科技发展进程中的第四阶段向第五阶段过渡时期，与世界技术先进水平的国家相差 40 年左右。文艺复兴及大航海时代以来，科技发展先后经历了近代物理学的诞生、蒸汽机和动力机械革命、电力和运输革命、相对论和量子革命、电子和信息革命五个阶段。目前经济全球化正处于第五次科技发展阶段的技术增长极限期，能源价格的跌宕，金融泡沫的形成与破裂被认为是这一阶段技术发展瓶颈的主要特征与信号指示。未来通过经济结构调整，以第六次科技发展为主导的产业结构将决定全球未来20～30 年的经济社会发展趋势。第六次科技发展将是科学革命、技术革命、产业革命的交叉融合，是一次多维度、高复合型的综合科技发展，影响力势必超越前五次科技发展阶段。俄罗斯新工业化进程中希望乘上第六次科技发展的快车，实现产业结构的升级换代。

俄罗斯新工业化的方案中着重强调了产业化模式的选择和技术新旧更替对接两个方面。就产业化模式选择的而言，由于俄罗斯国内市场不足以提供类似于韩国、日本，尤其是像中国经济奇迹的关键参数，而在国外市场也没有一个长期的需求导向，因此传统的进口替代模式不易成功；继续选择出口导向型发展策略意味着俄罗斯在维持贫困模式，因为制约俄罗斯经济的要素之一——劳动力规模小且价格优势不明显。于是俄罗斯选择产业化模式已不是单纯使用出口导向或者进口替代，而是采用有别于普雷维什的进口替代模式。为此俄罗

① 参见“国家元首手册 вторая индустрилизация России（настольная книга руководителя государсива)”。

斯国内市场环境正在从两个方面准备。一是做好国内区域经济一体化，通过增加政府、企业和居民的有效需求丰富国内市场；通过大规模现代化的基础设施完善和重建将俄罗斯社会经济空间连接，恢复和促进横向跨区域的合作形式，达到平缓俄国内不同地区间的经济水平差距。二是在国内营商环境中坚持反垄断与国外市场非关税贸易保护措施并举。就技术的新旧更迭方面来看，俄罗斯目前的科技发展进程决定了在产业化中需要大量购进先进技术，这在俄政府、财政支持和其他方式的共同协助下可以推动实现。

然而这显然不是新型工业化的"灵丹妙药"，因为国外技术售出者基本上是将成熟甚至是即将下线的产业技术进行转让，该专利技术在俄本土使用不足以起到经济追赶作用，甚至令实体经济始终处于落后的产业化阶段。因此俄政府对国家创新体系的扶持是新技术产生的重点，并通过大力发展科学城；高标准培养教师和学生，提高教师工资标准，着力发展几所大学使之成为产业孵化园；建立风险交易平台，在这一平台上俄罗斯科学委员会准备对技术前期研发进行投资，而国有企业通过甄别挑选项目进行股权投资，以此促进技术的产研转化。

2011 年 11 月 27 日普京在作为总统候选人的发言中再次强调，为了实现经济质的飞跃，提高国家竞争力，必须大规模创新并全面推进新型工业化发展。他指出"我们将提供给俄罗斯企业一切必要的协助，建设厂房、引进技术、开发俄罗斯航空航天等多领域，赢得全球技术领先地位。但企业家必须明白，通过在岸公司与'离岸公司'间转移、隐匿资产和资金是不能被接受的；同时俄罗斯企业为节约成本而违反《环境保护法》及《劳动法》都将不被允许"。从国家创新战略到新型工业化策略的推进，表明政府正在努力将俄罗斯经济从资源型经济的魔咒中摆脱出来，然而俄罗斯在面临经济的增长和调整结构的阵痛选择中处于两难境地。

从 2008 年国家创新战略提出来看，俄罗斯的技术创新行动比较迟缓。[①] 企业投资不足，设备陈旧，特别是企业缺乏创新积极性，俄罗斯很难实现从资源型向创新型经济转变。时任总统的梅德韦杰夫在尤尔根斯的协助下，提出在高效节能技术、航空航天、核反应技术、医学技术与战略信息技术五个方面努力展开工作，并在莫斯科近郊的斯科尔科沃建立了俄罗斯版的"硅谷"。普京同样看到

---

① 2010 年 4 月 10 日《Российская газета》刊载 Время прошло. Дефицит продовольсивия и ресурсов в мире повышает риск новых кризисов.

问题的严重性，在2012年提出的竞选纲领中对如何实现新型工业化提出了具体的思路，包括：减少国家对企业的干预；大幅度降低税收，以刺激投资、增加国内需求；扩大地方财税的自主权，调动地方的积极性；克服经济垄断、分配不公、腐败严重、贫富差距扩大等弊端；改善投资环境、吸引更多外资，并防止资金外流以及解决低能耗和技术更新等问题。然而克里米亚问题引起西方国家联合制裁俄罗斯，使得新型工业化在后危机以来的推进速度蹒跚前行，继而产生了俄罗斯“向东看”的经济突围和产业政策上更加明晰的进口替代政策选择。

二、 俄罗斯新工业化的进口替代策略选择

俄罗斯新工业化进程经历了两段发展时期，即2008—2013年创新发展战略阶段和2014至今的俄罗斯进口替代策略阶段。2014年3月以来，乌克兰危机诱发西方国家对俄罗斯实施严厉的经济制裁，导致创新发展战略实施的国内外环境发生重大变化。为了继续推行新工业发展战略，俄联邦政府针对西方国家制定了一系列反制裁措施，并把进口替代策略作为经济工作的优先方向。①

（一） 俄罗斯进口替代策略实施

2014年第三季度开始，欧盟、美国、加拿大和澳大利亚对俄罗斯贸易进行联合禁运与制裁。2014年年末到2015年年初，俄罗斯在食品、饮料、烟草及机电产品项目的进口规模大幅下降，贸易条件改变、卢布贬值和产业结构失衡问题并存。2014年年底，俄罗斯开始实施联邦法№488《俄罗斯产业政策法案》，先后成立了俄罗斯工业发展基金和俄罗斯科技发展基金。2015年年初开始实施《关于保障可持续发展和社会稳定的优先措施》和《行动计划路线图》(以下简称“行动路线图”)。② 行动路线图依据行业的进口依赖度、行业内公司申报项目预计

---

① Концепция долгосрочного социально-экономического развития Россий ской Федерации на период до 2020 года//“Собрание законодательства РФ”，进口替代政策主要内容：其一是优先实现食品生产的自我保障；其二保证俄罗斯在航空、航天工业等军工和战略领域的国际竞争优势；其三基于俄罗斯的技术潜力、市场需求和政府政策支持，优先发生进口替代的领域是食品、汽车制造和家电。

② О Стратегии национальной безопасности Российской Федерации//http://rg.ru/2015/12/31/关于保障可持续发展和社会安全的优先措施主要内容：其一是实施积极的进口替代战略，降低对国外技术和工业制成品的进口；其二是加快高新技术领域发展，巩固航空和原子能领域的既有地位，恢复重型机械、航空及配套设备的工业领先地位；其三是加快国防工业的技术更新，重组国防工业综合体的产业基础等。

完成时间与可能性制订出 19 个具体方案，对冶金、农业、机械制造、化工、轻工业、医疗制造等行业实施进口替代。在一系列法案与措施的贯彻落实中，俄联邦政府强调：全力保障规划实施和设备进口、工程与服务的进口采购；对未禁止、未设限制产品进行出口手续简化；批准并确保进口替代项目的顺利执行。2016 年 3 月，俄罗斯政府再次颁布了《2016 年保障社会经济稳定发展计划》，包含"保障社会经济稳定发展的紧急措施"和"保障社会经济持续稳定发展的结构性措施"，共计 120 项具体措施。

由于美欧联合制裁俄罗斯，"俄罗斯制造"目前活跃在各大领域。2017 年俄国内工信部、交通部、通信部、能源部等依照行动路线图执行进口替代计划。然而进口替代推进最困难的领域是医药行业、航空航天和造船领域，这样的项目占 2 500 多项，需要 1 590 亿卢布财政支出。

（二）俄罗斯进口替代策略的特征

俄罗斯产业结构调整经历了三大时期六大阶段，2015 年开始进入第六阶段——进口替代期。这一阶段产业政策的重点是强调经济的可持续发展，特点是国际价值链的内外断裂，俄联邦经济主体被限制进入国际金融市场和技术市场。当前俄罗斯使用的进口替代政策是在有限条件下确保经济稳定生产，因此工业政策再次返回垂直型产业政策，其中包括补贴特殊行业。垂直型产业政策在经济复苏期能够促进经济增长，这要求在冲击期内政府补贴具有持续性，因此随着进口替代政策向前推进，预算支出将会明显增加。

三、制约新工业化进口替代策略的因素

俄罗斯进口替代委员会预计，进口替代的主要项目将在 2020 年完成，重要行业部门的进口依赖度从 70%～90%降至 50%～60%。在近 2～3 年有望实现个别部门的进口替代[①]。尽管各种各样的措施在进口替代的政策框架内实现，但应该注意的是这些策略不是明确意义上的产业政策措施。在传统产业与新兴产业领域内同时实施进口替代政策，某些行业高比例保护引起社会资源转移，不利于新的产业结构形成。

---

① 2015 年 8 月 4 日成立联邦政府进口替代委员会，俄总理梅德韦杰夫亲任主席，下设民用经济与国防委员会。

进口替代政策实施过程中产生的问题是比较显著的，这与当前的国际环境和工业化实施的特殊时期有密切关系。

首要问题是行动路线图实施过程中金融资源的可得性和使用的有效性。推行进口替代项目需要相当规模的资金投入，特别是在欧美联合金融制裁下，导致俄罗斯大型企业国际融资能力受到限制，转而高息向国内银行贷款。银行惜贷使企业新增投资需求“如鲠在喉”。

其次是关于俄罗斯进口替代产品需求的挑战。进口替代的过程是一个循序渐进的过程，不可能在较高进口依赖度下迅速发生替代。在目前进口产品市场需求和国内替代品生产供给之间存在时间间隔，因此在短期或中期内消费者依然会根据卢布升值情况择时购买进口品。

再次，由于行动路线图圈定发展某些产业和行业，其最终产品价值链较短，产品生产相对简单，即使在被制裁期依然不会影响产量，甚至产品供给继续增加。随着进口替代工业政策的继续推进，根据行动路线图进行分配具体项目、企业和产品，这将会导致人为地降低竞争达到均衡产业和平衡市场力量。

最后，进口替代品的竞争力薄弱。目前某些行业依然对国外成品或部件有较高的依赖度，因为在俄国内没有类似的产品生产。由于进口原料和设备的价格上涨，那些依赖进口成品或中间品的部门生产成本提高推动价格波动。同时汇率波动也影响了大部分对进口品有不同程度依赖的公司，增加了其产品的价格。换而言之，俄罗斯的进口替代是从价值链末端开始的，经济将面临更大的风险，这样的最终产品没有竞争力。

第二节　俄罗斯新工业化发展的融资支持

俄罗斯正在推行的进口替代政策有别于“普雷维什模式”，它承载着解决民生和保障国家安全的主要任务，建立和完善市场机制是新工业化产业政策的最终目标。进口替代策略对反危机起到了积极作用，但同时也被进口替代政策持怀疑者诟病，因为同时产生了进口替代政策长期有效性的一系列问题，如研发机构效率低；财政资金难获得；进口依赖度高的产品进行进口替代后，俄国内市场对其需求不足；以及因过度保护圈定产业导致国内市场竞争扭曲等问题。俄罗斯进口替代策略是否如愿达到预期目标，这与稳定的财政供给和积极的金融支持密不可分。那么俄罗斯新工业化的融资安排如何？而融资安排的执行情况又是如何呢？这些问题都直接影响着新工业化的进程和完成程度。

一、俄罗斯新工业化融资安排

20世纪50—60年代由经济学家普雷维什和辛格提出的进口替代战略成了发展中国家尝试建立和完善本国民族工业、调节经济结构并扭转在国际分工中不利地位的救世良方。经由保护本国有潜力的幼稚产业，培育养成具有竞争力的产业，一则是可以减少外汇支出，二则是可以使本国产业进入工业化时代，最后当这一幼稚产业发展成熟而拥有竞争力时便可以放弃保护，进入国际市场创汇。这一进口替代向出口导向战略转变的过程被日本学者阿可玛云(Akamatsu，1962)称为"雁阵理论"(wild-geese-flying pattern theory)[①]。他观察日本的产业发展在19世纪70年代至第二次世界大战前夕期间，日本开始从发达国家引进、移植近代技术与制度，实行植产兴业政策。这一过程依序分别经历了进口阶段—进口替代阶段—自给自足阶段—出口扩张阶段。而相应的资金流动也会呈现阶段性变化，即进口替代战略的初期，进口消费品/进口总值的比值较高，此时市场信息不鼓励储蓄；进入进口替代中期，本国工业规模具备阶段，此时应属于外汇管制期；当本国产业生产能力及规模转为出口扩张期时，此时可获得较高的出口创汇收入。[②] 若上述发展阶段进一步实现，一国经济体需满足进口替代的保障性条件。首要条件是关税保护，针对消费品根据类别征收关税，甚至不惜采用惩罚性关税，而针对生产用消费品则免收关税；其次是进口配额的约束，用以保护本国工业企业的成长；最后是调节汇率水平，使本国货币升值，目的在于降低必需品进口成本和减轻外汇用款压力。这三项条件中，关税保护和进口配额是最缺乏弹性政策条件的。那么俄罗斯的本次进口替代战略是否会像曾经使用该策略的西方大国一样成功？还是像负累颇重的拉美国家一样没有成功、草草收场呢？这要取决于其产业策略调整的经济基础和制度安排。

---

① Arfmftsu. K.. A. Historical Pattern of Economic Growth in Developing Countries[J]. Developing Economies Preliminfry lssue (U. S. A)，1992(1).

② 梁国树. 台湾经济发展过程中的限制条件，台湾经济发展论文集[M]. 北京：时报文化出版社，1994.

新工业化阶段俄罗斯在融资制度方面着重成立了工业发展基金、进行《预算法》修订和汇率制度的调整。俄工贸部长曼图罗夫在出席政府工作会议时表示，在俄罗斯银行无法为工业企业和基础设施项目提供低息信贷的条件下，建议设立工业发展基金。该基金将成为俄工贸部和外经银行共同管理的专门信贷规划，贷款利率不高于5%。2014年9月2日梅德韦杰夫总理签署成立了俄罗斯新型工业化发展基金。该基金由俄罗斯央行、政府、外经银行和开发性机构共同发起，旨在为从事创新项目的中等规模企业提供技术经济论证支持和规模化生产前的基金准备以及国家战略稳定项目的资金筹措。该基金由多个部门组成，其结构如图7.1所示。[①] 在财政预算方面也进行了制度和措施的调整。2014年6月，俄罗斯财政部依照《预算法典》的要求和时间制定了《2015—2017年联邦政府预算草案》(以下简称《草案》)，同年12月经过对《草案》的修订后确立了《2015—2017俄联邦预算法》。在货币政策目标选择方面，俄罗斯一如既往

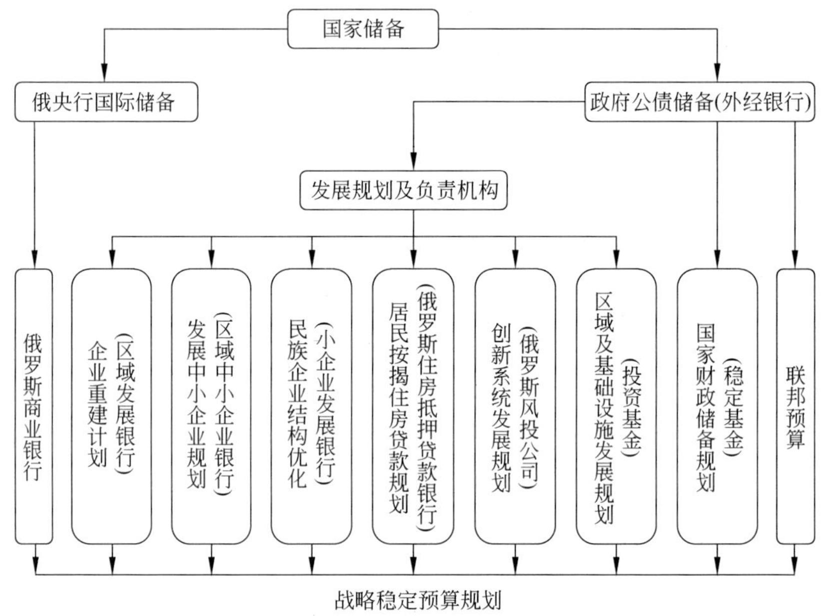

图7.1 俄罗斯工业发展基金使用结构：国家规划和负责规划的部门

① 俄罗斯工业发展基金使用结构：国家规划和负责规划的部门图是依据 НЕОИНДУСТРИАЛЬНОЙ МОДЕЛИ И СТРАТЕГИИ РАЗВИТИЯ ЭКОНОМИКИ 设计绘制，ЭКОНОМИСТ[J]. 2013(6)：34-53.

在货币政策的两个中间目标摇摆、抉择和权衡。这是因为俄罗斯自2006年实行完全浮动汇率制度后，汇报政策中间目标变成了对内利率稳定，对外保持汇率稳定。根据丁伯格法则和蒙代尔政策指派理论，一个政策可以有效对应一个目标，所以维持了汇率稳定的同时就会影响到国内货币价格的稳定。[①] 在俄罗斯新工业化发展前期，即创新发展战略阶段，俄罗斯的货币政策安排是稳定汇率水平，而进入进口替代战略阶段后变成了稳定国内利率水平，保持通货膨胀稳定。2015年2月，俄罗斯央行行长宣布放弃汇率市场的干预，卢布汇率随市场变化而变化。这些均为俄罗斯新工业化的融资提供了制度方面的准备。

二、俄罗斯新工业化融资支持现状

俄罗斯新工业化阶段面临反危机和创新并重任务，推行进口替代策略的政策手段搭配主要采用了税收安排、进口配额、财政扶持和汇率水平调控等措施。其中贸易保护和政府采购是阶段性的干预措施，而财政扶持和金融支持还主要是依靠市场机制来发挥作用。

（一）俄罗斯政府采购

2015年俄罗斯政府采购出台了一系列旨在提振本土经济、强化采购预算管理、消除腐败的法令、法规和措施。政府进口禁令和政府采购相辅相成，目的在于提高本国的进口替代能力。2014年6月，俄罗斯政府曾部分禁止汽车技术装备进口，对自行生产相关机械设备能力进行评估后，俄罗斯决定继续扩大禁止进口的机械设备清单，其中包建筑、市政和矿产勘测领域的机械设备等。2015年2月俄总理梅德韦杰夫签署法令，规定在建筑、市政和矿产采伐机械设备及交通工具等方面只能从欧亚经济联盟成员国和地区采购。2015年5月，为了能促进大项目国家采购的效率性，俄罗斯经济发展部专门成立协调政府采购的专门机构。2015年6月，俄联邦杜马通过了建立国防订单采购预算资金使用监管系统的总统令。其中涉及内容主要包括：国防订单参与交易者和交易过程的信息库建立；国防订单交易透明化而建立资金往来专用账户；提高反垄

---

① 于娟.卢布汇率制度安排对俄罗斯经济影响研究[M].北京：清华大学出版社，2014.

断局对国防采购的监管覆盖范围；确定国家采购中违规、违法案件的诉讼和审理程序等。

（二）俄联邦财政预算

针对危机以来俄罗斯国内外复杂情况，财政预算法案经《草案》多次修订后，最终于 2014 年 12 月 3 日批准颁布《2015—2017 年俄联邦政府预算法》(下文简称《预算法》)。其突出特点表现在以下五个方面。一是社会经济环境堪忧下联邦预算的逆差扩大。1998 年金融危机后俄罗斯政府坚持审慎的财政态度，即使是在经济增长期也保持不过度扩张的财政政策。然而自 2014 年底俄罗斯经济"断崖式"下跌后，联邦财政收入大幅下降。《预算法》显示出预算收入增速减缓的情况下大幅增加预算项目支出。如表 7.1 所示，在财政收入方面，联邦政府非但没有减少预算收入，反而调高预算规模，使 2015—2017 年的联邦预算收入增幅连续扩大，而预算支出变动率从 2015 年的 3%调高到 2016 年的 4.89%，预算支出环比变动率差为 1.89%，而预算收入环比变动率差为 3.72%，预算扩张显著。二是非油气收入放缓。在俄罗斯《预算法》中，油气收入占 GDP 的比重由 10%逐步下降到 9.1%，非油气收入占 GDP 比重保持在 9.5%的水平。二者在预算收入中的占比情况如表 7.2 所示。这一发展趋势使俄罗斯非油气收入逐渐成为联邦预算收入的主要来源。三是从支出结构中调整项变动看出，国民经济类和社会政策类预算占比呈现增幅，而教育医疗支出占比是下降趋势。俄罗斯国民经济预算支出提高表明基于抵御经济危机的需求依然存在，而教育医疗预算支出下降说明俄罗斯政府对民生服务改善已不是当前主要任务了。四是政府债务/GDP、联邦储备基金/GDP 和国家福利基金/GDP 比重在《预算法》中均表现为下降趋势。尽管在国内外政治经济环境不乐观的情况下，俄罗斯政府应对本次危机坚持不扩大发行债券，相反对债务规模还做了收紧的预算安排。五是储备基金和福利基金依然是政府反危机中的坚实后盾，但是受到油气收入减少和出口增长不积极的影响，两种基金的预算收入在 GDP 中比值降低，如表 7.3 所示。

表 7.1 2015—2017 年俄罗斯政府预算情况 单位：亿卢布，%

年 份	2015		2016		2017	
财政收支	预算法	变动率	预算法	变动率	预算法	变动率
收入	150 824	1	157 955	4.72	165 478	4.76
支出	155 131	3	162 718	4.89	170 887	5.02
赤字	−4 307	—	−4 763	—	−5 490	—

注：变动率采用年环比比率。

资料来源：О федеральном бюджете на 2015 год и на плановый период 2016 и 2017。

表 7.2 2015—2017 年俄罗斯油气预算收入与非油气预算收入变化情况

单位：亿卢布，%

年 份	2015			2016			2017		
资源类型	预算收入	环比	预算占比	预算收入	环比	预算占比	预算收入	环比	预算占比
油气类	77 172	—	51.2	80 320	4.08	50.8	82 079	2.2	49.6
非油气类	73 652	—	48.8	77 365	5.4	49.2	83 399	7.4	50.4

资料来源：О федеральном бюджете на 2015 год и на плановый период 2016 и 2017。

表 7.3 2015—2017 年俄联邦政府预算支出结构占比 单位：%

年 份	2015	2016	2017
全国性问题	7.2	7.0	7.4
国防	20.2	19.0	18.9
国家安全	12.2	12.0	11.6
住房和公用事业	0.8	0.5	0.3
教育	3.5	3.8	3.5
文化和电影	0.6	0.6	0.5
医疗	2.5	2.5	2.4
社会政策	25.5	26.8	27.2
体育	2.7	3.2	3.4
国家债务偿还	4.4	4.1	4.2
转移支付	7.2	7.0	7.0

资料来源：О федеральном бюджете на 2015 год и на плановый период 2016 и 2017。

(三) 俄联邦进口替代技术及管理引进的财政支持

俄罗斯主要工业区是莫斯科工业区、圣彼得堡工业区、乌拉尔工业区、新西伯利亚工业区。[①] 其中斯维尔德洛夫斯克州的“塔吉尔”化学工业园推出引资项目的政策,包括投资者可以获得带有水、电、气、废物处理系统等基础设施用地。“我们愿与设立化工和制药企业的公司合作”,“任何合作形式都可以,从土地出售到成立合资企业,并在俄罗斯市场销售新产品。”秋明州政府提供的是补偿设备融资租赁合同的首付金和利息费。如果企业采购设备为“俄罗斯制造”,政府预算补偿设备价格的5%和一定时期企业免税的鼓励措施。

(四) 俄联邦工业发展基金

俄工业发展基金监事会主席、俄工贸部部长曼图罗夫称,2015年俄工业发展基金共为74个项目提供246亿卢布贷款(按2015年平均汇率折算约4亿美元),在此基础上上述项目吸引直接投资总额达1 530亿卢布(按2015年平均汇率折算约23亿美元)。他表示,2015年俄罗斯强化了进口替代工作,制订并执行了20个行业计划,已启动项目800多个。2016—2020年还拟实施900个进口替代项目,而工业发展基金是这些项目实施的保障。2016年4月25日俄总理梅德韦杰夫总理表示,而政府将继续支持在军工、油气等具有战略意义领域开展的工作。2016年俄政府对进口替代的财政支持力度与2015年持平,保持在11亿美元左右。曼图罗夫表示,俄工贸部与能源部成立了跨部门工作小组,共同协助油气设备进口替代工作。目前俄罗斯油气领域存在11个“分部”完全依赖进口,需要进口的油气公司与俄罗斯机械公司拟制定了70多个进口替代项目。

(五) 俄罗斯银行部门融资

尽管发生经济下滑和制裁封锁,俄罗斯银行流动性依然表现充裕,没有发

---

① 莫斯科工业区——主要生产汽车、飞机、火箭、钢铁、电子为主;
圣彼得堡工业区——主要生产石油化工、造纸造船、航空航天、电子、食品和纺织为主;
乌拉尔工业区——主要生产石油、钢铁、机械为主;
新西伯利亚工业区——主要生产煤炭、石油、天然气、钢铁、电力为主。

生流动性不足的问题。主要原因在于首先是居民愿意存款，包括外汇；其次是许多出口企业决定他们的投资计划放缓，保持银行账户的资金规模和流动性，等待合适的投资机会；最后是俄罗斯央行的高效再贷款机制。莫斯科银行董事米哈伊尔·沃尔科夫坦言，“我们甚至很早就开始购进欧元债券，现在没有几乎没有愿意出售的银行，每个人都明白，俄罗斯的银行系统是稳定的。”200 亿卢布国家贷款中，110 亿卢布经由银行贷款渠道发放。近年来逐渐加大农业贷款的支持力度，因此农业在银行贷款的扶持下经历前所未有的增长。2015 年全年外经银行支农贷款组合比例从 4.4％提高到 7.5％，而在整个银行系统中农业贷款增加了 1 倍。目前农业生产企业已经掌握了生产优质产品的技术和方法，主要任务是要继续降低成本。而对固定资产更新项目投资方面，虽然俄罗斯银行界按照政府的反危机计划执行贷款，但是对于贷款项目不抱乐观态度。原因在于贷款支持大型企业创新过程中，关键技术和工艺流程引进后需要改良和创新，并将新技术转化为产能需要较长时间。而贷款支持中小企业也存在不得不贷放的政策压力，原因是俄罗斯的中小企业出口潜力非常低。中小企业产出/GDP 比重为 20％，出口份额中占 20％；相较而言欧盟中小企业产出/GDP 比重达到 50％～80％，出口份额中占 30％；而中国中小企业产出/GDP 比重为 70％，出口份额中占到 50％～70％。因此银行在危机时期主动贷款给中小型企业并不多见，除非这些项目出自联邦政府反危机规划，有联邦政府的支持才会贷款；而小企业获得贷款更加不易，一般是在银行承担必须扶持中小企业的贷款任务情况下才发放贷款。

第八章

俄罗斯新工业化进程金融支持不足的深层原因

第一节 俄罗斯进口替代策略的金融支持路径

金融制度创新对发展中国家经济增长，特别是在转型国家创新战略时期发挥重要的作用。依据战略性创新产业的金融支持体系判断，俄罗斯战略创新投资一边为经济带来巨大的收益同时，也受制于同期金融市场发展的局限。金融市场的信息功能和项目筛选功能使得投资回报率较高的项目脱颖而出，并通过市场参与主体的多元投资组合化解流动性风险。然而项目的最终落实取决于对创新产业投资的风险管理和成本控制，进而实现储蓄向创投的转化和经济增长。

一、俄罗斯进口替代策略的金融路径实践

推行国家创新战略时期，俄政府主导推动斯科尔科沃创新中心发展，力争创出“示范效应”，打造科技成果“孵化器”，形成科技投资的吸聚力。[①] 斯科尔科沃创新中心，这个类似于中国高科技技术园区的创新中心，是梅德韦杰夫于2009 年 11 月提出构想建立的，俄罗斯著名科学家阿尔菲奥罗夫担任这个项目的学术负责人。他认为，俄罗斯一直以来面临科技成果商业化这一难题，成立这样的创新中心势在必行。这座寄托了俄罗斯美好希望的未来之城，得到了政府的鼎力扶持，俄罗斯政府在税收、土地等方面给予其特别优惠。尽管还在筹备阶段，但包括西门子、诺基亚、IBM 等在内的众多世界著名公司已经签约入驻斯科尔科沃创新城。

---

① 2010 年 5 月斯科尔科沃科技园区启动建设，2015 年底基本建设完成。

在创新进程中还需要进一步的完善，尤其是金融支持的薄弱严重影响了创新主体的科研进程和投资主体创新转化的速度。俄罗斯创新活动中金融业参与不足与政府主导的创新支持模式有关。在金融支持体系与技术创新体系的耦合关系中，俄罗斯的创新活动处于成果转化与市场导入期，相应的金融支持类型属于政府引导型和混合型。俄罗斯实现进口替代政策的途径主要采用了政府补贴、企业与研究单位联合资助、企业税费优惠和政府购买等措施。

政府部门通过工业发展基金平台提供战略性新兴产业专项基金、战略性新兴产业政府采购、战略性新兴产业企业政府创投引导基金、战略性新兴产业税收优惠，以及战略性新兴产业的政策性贷款等融资支持。能够利用该渠道筹资的企业首先需要获得政府的关于进口替代项目批准。此时获批项目拥有了政府支持的光环，除去在该渠道融资外，借由获批资格还经其他方式获得资金，政府无形中为企业做了软担保。政府支持是将风险项目扶持到了一个可以融资的平台，但项目本身的风险分散和科技产能转化的盈利性仍然处于不稳定状态。因此，就俄罗斯目前而言，银行主导型融资模式和工业发展基金的融资平台依然不能从根本上解决科技型企业自身风险问题。

行动路线图遴选的企业与项目能够有机会通过上述方式获得资助，其余未被列入其中的企业融资依然要回到金融信贷市场。俄罗斯金融体系是以银行为主导的融资系统，对创新的金融支持是以银行贷款和外国投资为主。在与大企业争夺资源时，规模较小的中小企业很难获得贷款资金。① 风险投资基金、天使基金和互联网众筹等创新金融模式是传统信贷系统的有益补充。俄罗斯风险投资基金市场容易受到国内外环境的影响。2008 年金融危机、2014 年国际金融封锁等外部冲击对风投基金市场产生了剧烈的震荡，2010 年甚至出现了“溪流”之势。② 根据《2016 年俄联邦创业发展趋势报告》分析，风险基金平均交易规模从 2015 年 150 万美元降至 2016 年 110 万美元。较 2015 年比较，2016 年在创新项目发展阶段中，风险投资基金在项目扩张期降低了 47%，初创期降

---

① 对俄的直接投资中以欧盟为主。欧盟主要投资于俄罗斯的能源、食品加工、机械制造、制药、金融和服务业。

② 2010 年 5 月，梅德韦杰夫总统呼吁外国风投公司向俄罗斯投资，他指出“俄罗斯风险投资资本显然发展得很薄弱，增加用于研发的国内资本开支是明显的趋势”。他指出，目前俄罗斯共有 20 家这类投资公司，资本总额约 20 亿美元。资料来自：RUSNEWS. CN，2010 年 5 月。

低了23%，种子期新增项目为零。[①]

二、俄罗斯进口替代策略金融支持的理论判断

创新投资是典型的不完全合约过程，即风险契约。因此科技创新活动的各个阶段不确定性和交易成本表现形式不尽相同。从契约的全过程来看，科技创新活动存在事前收益、事中履约和事后投资回收的不确定性。由此对应产生的交易成本表现为投资贷前的信息成本、贷中的监督成本和贷后的回收成本。

战略性科技创新产业的特点与传统银行融资供给模式存在明显的不对称性，主要表现出以下三个方面的特征。首先是以无形知识产权居多的科技创新产业能够符合银行质押品的资产较少。创新产业多集中于生工生化、航天、节能环保、新材料等领域，拥有较多的无形知识专利，而符合银行贷款所需的有形质押品较少。其次是科技创新产业多以中小企业为主，规模以上的垄断企业较少，而银行的客户授信发展模式是以"贷大、贷规模"为主，对规模小、专精行业的投入兴趣较低。最后是影响创新产业发展的不确定因素多，主要来自技术、市场、管理、资金和政策等方面，金融机构参与融资过程中更多的是对风险的不确定以及风险缓释措施的灵活把握。然而俄罗斯在支持创新产业发展过程中提供的有效政策扶持和资金支持不同，同时风险分担机制亦有待完善。因此尽管俄罗斯金融业通过各种改革措施，积极促进创新产业的发展，并取得一定成效，然而在俄罗斯的金融体系中以银行为主导的融资模式与创新产业需求的资金模式存在模式、期限以及风险的不匹配，形成了金融支持创新产业中的一些问题和不足。

第二节　俄罗斯进口替代策略金融支持乏力

经济自由化后俄罗斯形成了比较完整的金融体系。2013年7月24日，俄罗斯总统普京签署了统一金融监管机构的文件，俄联邦金融市场局对金融市场的主要监管职能划归中央银行。目前俄罗斯金融市场间接融资仍以银行为主，而直接融资市场包含外汇市场、货币市场、证券市场(股票市场、国债市场、地方

---

① Обзор венчурной индустрии России за 2016 год，АО《РВК》2016年报。

债券市场、公司债市场)、期货市场,基本覆盖了现阶段大部分的金融产品,其中对创新产业的金融支持主要来自商业银行体系和风险投资基金。

一、 进口替代策略中银行业支持不足

就银行业发展而言,截至2016年5月在俄注册商业银行697家,较2014年初减少了200多家银行,这是俄罗斯银行在乌克兰危机后对商业银行加强金融监管,对不符合审慎管理原则的商业银行进行摘牌或限期整改的结果。① 尽管如此,697家银行的数量无论是从俄罗斯金融市场发展时期来看,或者是与新型市场国家的银行数量比较而言都不算是小数目、小规模。② 从理论上讲,一个国家的金融企业的数量众多,则会降低金融集中度,增加金融市场的活跃度和竞争力。而我们通过金砖四国银行集中度比较发现,俄罗斯的银行集中度是除中国之外的又一个比较高的国家。从本国前五家银行资产规模占金融市场总资产指标来看,俄罗斯排名第二位,指标占比为44%,仅次于中国。这对俄罗斯金融市场的活跃度和竞争力产生消极影响。

从银行的主营业务方面来看,俄罗斯商业银行依然集中在传统的借贷业务方面,且成为银行利润的重要来源。而银行的中间业务,特别是投资银行功能业务作用的发挥依然比较低。然而随着金融危机后银行大规模私有化的进一步推进,2015年银行与居民间关系呈现如下特点:首先,家庭消费依赖于银行贷款的水平是增加的;其次,家庭可支配收入中银行服务支持增加;最后,家庭储蓄额下降。2015年银行与企业间的关系呈现如下特点:工商企业的贷款速度和规模迅速下降;企业在银行账户存款余额增速放缓;银行逾期贷款和不良资产增加。③

商业银行经营的效率与风险控制从一个方面反映出一国金融体系的稳健运营的重要指标,同时也是衡量经济转型的关键指标。尽管俄罗斯商业银行自

---

① http://www.cbr.ru.

② 2015年金砖国家成员国中,中国拥有银行数量最多,第二就是俄罗斯687家,第三是印度近300家,第四是巴西99家。中国拥有的银行数量统计显示,截至2015年底,银行业金融机构共有法人机构4 262家,从业人员达到380万人。资料来自《中国银行业监督管理委员会2015年报》。

③ 企业贷款质量在逐渐改善,不良贷款拨备付率增加到3.5%,而未偿还债务达到9.9%。因此在企业欠银行债务中逾期未还的账务数量在下降,从2014年的4.8%降到2015年的4.6%。然而这些数字仍然处于危机前的最低点,危机前预计逾期债务低于1%,而拨备覆盖率为3%。

转型以来已经取得了很大的进步，但是在俄罗斯金融市场中，银行业务的高度集中使得俄罗斯的金融体系依然表现出比较明显的脆弱性，这不仅隐含着市场集中的结构性风险，阻碍科技创新企业的市场融资畅通性，同时也对产业结构升级转型形成障碍。

二、 进口替代策略风险投资基金支持不足

就俄罗斯风险投资基金来看，在经济转轨过程中，俄罗斯的科技风险投资基金得到了初步发展，其构成主要有三部分：一部分来自由联邦政府设立的科技风险投资基金，之后发展成为工业发展基金。在俄罗斯科技风险创投机制是由科技部设计、会同经济部、财政部以及其他部门共同完成风险基金的创建工作。2000 年初俄罗斯政府从国家财政中拿出 1 亿卢布作为科技创投基金。另一部分来自联邦政府主体创建的风投基金。俄罗斯已有 6 个联邦主体的领导层支持科技创投基金，分别是鞑靼斯坦、萨拉托夫州、圣彼得堡、诺夫哥罗德州、彼尔州和斯维尔德洛夫州。其中鞑靼斯坦拥有独一无二的“思想”创新科技园区，该园区内向小型创新企业提供成套的服务。[①] 最后一部分中主要是外国投资，皆因俄罗斯丰富的基础科研成果、较高的科技水平吸引外国风险投资基金的驻足。

2011 年，俄罗斯联邦财政预算和各州财政预算为实施创新项目和方案拨款共计 12 000 亿卢布，这一数字比 2010 年增长 7%左右。2012 年 10 月，莫斯科举行了第三届“全球创新伙伴”论坛，会议上俄罗斯风险投资公司总经理伊戈尔·阿加米尔兹阳指出，在最近的两年时间里，俄罗斯的风险投资市场发展很快。投资商数量的增加和涉及领域的广泛都促进俄罗斯经济在这一领域的快速发展。2011 年信息、通信技术和互联网络项目成为风险投资最高的领域，其投资资金规模占比为 24.4%；其次是能源与节能领域，占比为 13.9%；再次是交通和发动机制造占比为 12.5%；最后是生物技术和医疗技术领域占比 11.1%。2016 年《全球创新指数报告》显示，俄罗斯综合排名 43 位，较 2015 年上升了 5 位。俄罗斯具有竞争优势的指标是妇女就业、高等教育和科技工程人才培养；劣势指标是通信创新、法律治理和资本总积累等方面。[②]

---

① 就面积而言是欧洲最大的技术园区之一。

② 《全球创新指数报告》(GII)2016 年。

目前，在俄罗斯从事高新技术行业的公司非常需要国际风险资本，被纳入全球创新发展系统和走向世界市场对这些公司而言极其重要。[①] 然而由于全球经济下滑、石油价格下跌与欧美联合制裁，加之俄罗斯金融市场的不稳定性和刺激经济增长的政策多变性造成投资者信心不足。同时创新主体信息披露的完全性与及时性滞后，造成了投资俄罗斯的风险基金公司的不确定性大幅增强，形成了国外风投基金有意愿但观望的局面。

第三节　俄罗斯金融支持乏力的深层原因

由于战略性科技创新产业对金融的特殊需求与俄罗斯金融发展中传统金融供给模式对应的服务具有明显的不匹配性，产生了以下具体问题：

其一，俄罗斯商业银行的实质性信贷支持力度有限，成为制约科技创新型产业融资的主要瓶颈。尽管俄罗斯政府为科技创新积极寻找各种支援，针对俄罗斯多家商业银行以及企业集团的财务观测发现，大多数商业银行积极配合政府，将战略性科研创新产业作为优先投资项目，但是在创新项目实际信贷申请时与其他一般项目没有实质的区别，同时呈现出了更加严格的放贷趋势。[②]

从俄罗斯商业银行信贷规模来看，从 2008 年 12 月到 2014 年末出现陡增态势，尽管受到制裁冲击，2016 年 9 月资产规模依然维持在制裁前水平。从信贷对象来看，特别是针对创新型中小企业银行产品的提供，就整体而言，中小企业的贷款条件要较以往更容易贷到款项，如从贷款的期限结构小至一个月起贷，从贷款的质押物则可以是无抵押贷款，且可以平均贷到 100 万卢布的数量。然而在申请贷款的环节中却要比以往更为复杂，更多手续环节，如证明贷款人财务状况的文件资料和报表、商业计划书等文件数量增加，同时对董事以及股东成员提出严格要求，并要求每人均为企业担保分责。同时限于战略性科技创新产业自身特点，多数银行往往在高风险和高服务成本的约束下，由于要做到对项目的贷前尽职调查，贷中的实时跟踪，以及贷后的回款上缴都需要配备较多的人力以及成本支出，导致金融服务的动力不足。

其二，战略性科技创新产业中的中小企业融资难问题突出。战略性科技创

---

① 莫斯科经济政策事务副市长沙罗诺夫在莫斯科开幕的“2012 年全球投资伙伴”论坛上发言。

② РБК. research-РБК. Исследования рынков-РосБизнес Консалтинг 2013-02-13.

新企业以非垄断型的中小企业为主，融资难问题严峻。从信贷投向看，银行对战略性科技创新产业的信贷支持主要集中在通信、生工、生化高端装备制造等大型企业。而对于新材料等行业研发生产集中了大量中小企业。俄罗斯新材料研发主要集中在结构材料和功能材料两个方面。新材料研发的专业机构和企业近百家，涉及领域包括高分子材料、复合材料、金属材料、陶瓷材料、高纯度材料、生物材料、超导材料和纳米材料等。由于从银行贷款项目较难落实，于是政府直接予以援助。2009 年 10 月，俄总统梅德韦杰夫在莫斯科国际纳米技术展览会开幕式上说："俄罗斯将采取多种措施，大力发展纳米技术，促使纳米产业成为俄经济的主导产业之一，俄罗斯有发展纳米技术的强烈愿望，正在实施世界上最庞大的纳米创新计划，到 2015 年国家将投入 3 180 亿卢布(约合 106 亿美元)用于纳米技术研发和产业化，届时俄纳米创新产品的销售额将达到 9 000 亿卢布(约合 300 亿美元)，占国际纳米市场份额 3%左右，四分之一产品用于出口。"该计划分两个阶段实施：第一阶段为 2008—2011 年，将完善现有的纳米技术生产流程，建立高效的研发和产业化机制；第二阶段为 2012—2015 年，将为扩大纳米产品生产规模、进军国际市场创造条件。[①]

尽管俄罗斯政府积极创新融资方式，通过国有政策性银行和成立担保基金以及税收优惠等方式为中小企业解决融资难的问题。[②] 然而对于众多中小企业研发与生产阶段的大量投入相比，目前多种方式的资金提供仍显捉襟见肘。

其三，风险投资从理念到行动均有滞后。风险投资是战略性科技创新的催化剂。拥有好创意的公司由于处于创业阶段没有优质贷款资质和庞大的质押物，所以选择了股权融资。从投资阶段来看，中小创新公司在起步阶段的最早投资通常为天使投资或种子投资。经过公司科研团队的壮大和技术的成熟，公司可以选择 IPO 或者 PE/VC 方式募集资金。目前在俄罗斯积极从事创新技术的企业仅占 10%～11%，而发达国家则为 40%～50%。而从俄罗斯的创新转化过程来看，从抵御风险最该发挥作用的地方和阶段，如处于种子期的创新链

---

① 俄罗斯纳米技术集团总裁丘拜斯表示，俄罗斯纳米产能在 2015 年前实现年产值 9 000 亿卢布的目标，在 2015 年后，俄罗斯纳米产业将实现自负盈亏，政府退出财政拨款。

② 俄罗斯开发银行成立于 1999 年，2007 年改为"俄罗斯中小企业银行"，为俄罗斯生产型、创新型和高科技型中小企业提供资金支持。担保基金又称为"扶持小企业贷款基金"。俄罗斯各地方政府和联邦政府通过预算资金注入的方式注入基金中，形成合作银行发放小企业贷款时的有偿担保。同时，在 2011 年俄罗斯国家杜马通过了《关于更改俄联邦税典为创新活动创造优惠税收条件》法案。

前端投资依然严重不足，仅仅依靠政府的财政拨付不足以产生较强的持续性，而未来有可能会出现创新成长后端的投资过剩的拥堵现象。相形之下显示出俄罗斯国内企业创新动力不足，且风险投资团队对高新技术项目的发展路线和规律的认识与该产业的发展几乎同步，还无法引导资金向前端投放，这便是与国际风险投资的比较明显的差别。

启　示

俄罗斯国家创新发展战略为其国内经济注入了新的活力，涌现出一批如卡巴斯基等IT、通信等行业的科研实体并迅速转化为生产力，甚是令人鼓舞。然而，回观创新战略并非踏步向前，推进速度也是在政府的各种政策、法令之下踽踽前行。

这一过程为我国的金融市场改革提供了宝贵的借鉴：首先，在创新经济过程中，风险的不确定性带来了投资引入的困难，由此对金融体系中银行、保险和证券互补关系的优化，便可以完善风险分摊机制；其次，加快完善风险投资市场与其他资本市场的协同作用，拓展战略性科技创新产业的融资渠道；再次，从商业银行的盈亏平衡考量，促进金融服务的内生机制生成，激发对战略性科技创新企业的实质性支持；最后，当本国金融制度供给中风险投资市场发育不完全时，俄罗斯投入研发的资金来源多样化，即财政资金、预算外资金、企业资金、自由资金、国外资金、私人非营利机构资金等方式为内生风险投资市场的完善争取了时间。

参考文献

外文文献：

[1] Patrick. Financial Development and Economic Growth in Underdeveloped Countries[J]. Economic Development and Cultural Change. January 2,1966.

[2] Аналитический центр. Проблемы импортозамещения в отраслях ТЭК и смежных сферах [M]. Аналитический центр при Правительстве Российской Федерации. URL：http://ac.gov.ru/files/publication/a/10298.pdf.

[3] Вадим Борисович. О неоиндустреальной модели и стратегии развития экономики[J]. Экономист,2013,6.

[4] Российская экономика в 2015 году[M]. институт экономической политики Гайдара, 2016.

[5] Анжиганова Л. Структурно-функциональная конфигурация этнокультурного потенциала региона [J]. Проблемы современной экономики,2010,3.

[6] BP. Статистический обзор мировой энергетики,июнь 2009 года[J]. Вопросы экономики, 2009,9.

[7] Владимир Ч,Александр К. Интеграции валют на постсоветском пространстве[J]. Международная жизнь,2008,12.

[8] Головнин М. Финансовая глобализация и ограничения национальной денежно-кредитной политики[J]. Вопросы экономики,2007,12.

[9] Глущенко К. Статиллюстрации：инфляция в рублях[J]. ЭКО Всероссийский экономическтй журнал,2010,10.

[10] Гейвандов Я. Правовые аспекты реализации конституционной функции по защите и обеспечению устойчивости рубля[J]. Государство и право,2003,11.

[11] Дробышевский С. ,Кадочников П. Некоторые вопросы денежной и курсовой политики в россии в 2000—2006 годах и на ближайшую перспективу[J]. Вопросы экономики, 2007,2.

[12] Дубовский С. Формула для прогнозирования обменного курса рубля[J]. Экономика и математические методы,2005,12.

[13] Синельников-Мурылев С. Макроэкономические предпосылки реализации новой модели роста [J]. Вопросы экономики,2012,9.

[14] Драчка О. Россия：экономика,политика:куда идет россия?[J]. Мировая экономика и

международные отношения，2005，2.

[15] Ершов М. Экономический рост：новые проблемы и новые риски[J]. Вопросы экономики，2006，7.

[16] Ершов М. Как обеспечить стабильное развитие в условиях финансовой нестабильности? [J]. Вопросы экономики，2007，9.

[17] Евгений В，Владислав И. Россия - Китай：время корректировать курс[J]. Свободная мысль，2010，8.

[18] Елизарова Е.，Кузнецов И. Китай - шанс России на новую экономику?[J]. ЭКО. Всероссийский экономический журнал，2011，1.

[19] Иванов Ю. О глобальном международном сопоставлении ввп по 146 странам мира[J]. Вопросы экономики，2008，5.

[20] Иванов Ю. Ненаблюдаемая экономика в странах СНГ[J]. Вестник-Экономист，2012，4.

[21] Дробышевский С.，инельников-Мурылев С. Макроэкономические предпосылки реализации новой модели роста [J]. Вопросы экономики，2012，9.

[22] Синельников-Мурылев С.，Архипов С.，Дробышевский С.，Баткибеков С.，Трунин И. Кризис финансовой системы России：основные факторы и экономическая политика [J]. Вопросы экономики，1998，11.

[23] Опыт реализации промышленной политики в Российской Федерации в 2000—2012 гг.：институциональные особенности，группы интересов，основные уроки[M]. ОАО《Межведомственный аналитический центр》，2013.

[24] Ин-т Гайдара. Родрик Д. Парадокс глобализации：демократия и будущее мировой экономики[M]. пер. с англ. М，2014.

[25] Консультант Плюс. База данных "Консультант Плюс"[M]. М，2015.

[26] Путин В. Нам нужна новая экономика//Ведомости. 2012. URL：http:/www.vedomosti. ru/politics/articles/2012/01/30/o_nashih_ekonomicheskih_zadachah.

[27] Распоряжения Правительства РФ от 29 августа 2013 г. № 1535-р《Государственная программа Российской Федерации Развитие промышленности и повышение ее конкурентоспособности》.

[28] Указ Президента Российской Федерации от 7 мая 2012 г. № 596《О долгосрочной государственной экономической политике》.

[29] Приложение 3 к Плану содействия импортозамещению в промышленности. Министерство промышленности и торговли РФ，2015. URL http://www. sovel. org/files/News/Prilozhenie_ 3. pdf.

[30] План первоочередных мероприятий по обеспечению устойчивого развития экономики и социальной стабильности в 2015 г. ,утвержденный Распоряжением Правительства Российской Федерации от 27 января 2015 г. № 98-р. Правительство России. URL: http://government. ru/docs/16639/.

[31] OECD Publishing. OECD Economic Surveys: Russian Federation 2013. Paris,2014.

[32] ВАВТ, Отчет о НИР 《Сбор и обобщение информации для проведения анализа международного опыта по реализации защитных мер и иных форм поддержки в сфере регулирования национальных экономик и подготовки соответствующих рекомендаций для России》,2013.

[33] Идрисов Г. И. ,Синельников-Мурылев С. Г. Модернизация или консервация: роль экспортной пошлины на нефть и нефтепродукты[J]. Экономическая политика,2012,3.

[34] Idrisov G. ,Sinelnikov-Murylev S. The perspectives of long-term growth in Russia [J]. Acta Oeconomica,2015,6.

[35] Идрисов Г. ,Полбин А. ,Казакова М. Теоретическая интерпретация влияния нефтяных ценна экономический рост в современной России[J]. Экономическая политика,2014,5.

[36] Идрисов Г. , Пономарева Е. Регулирование естественных монополий не должно опережать развитие рынков[J]. Экономическое развитие России,2015,8.

[37] Гордеев Д. , Идрисов Г. , Карпель Е. Теоретические и практические аспекты ценообразования на природный газ на внутреннем и внеш-нем рынках[J]. Вопросы экономики, 2015,1.

[38] Н. А. Потехина. Вторая индустриализация России Настольная книга руководителя государства (основы теории и практики осуществления) [М]. Уральский рабочий, Екатеринбург,2011.

[39] Институи экономической политики имение. т. гайдара. Российская экономика в 2015 году [М]. Института Гайдара,Москва,2016.

[40] Буглак,Е. А. Современные подходы к регулированию банковских рисков [J]. Молодой ученый,2011,6.

[41] Волошин И. В. Оценка банковских рисков: новые подходы [М]. ГИТИС. М,2012.

[42] Мансурова. А. Ф. Последствия санкций США и ЕС для российской экономики[М]. SCI-ARTICLE. RU,2014.

[43] Пронин,А. В. О правовой природе санкций ЕС в отношении РФ [J]. Историческая и социально-образовательная мысль,2014,2.

[44] Шепелев,И. Г. ,Морозов,С. Г. Анализ санкций против России,определение. возможного

их влияния на развитие отечественного оборонно-промышленного комплекса и промышленности в целом [J]. Экономика, управление и инвестиции, 2014, 2.

[45] Губанов С. С. Неоиндустриализация России и вертикальная интеграция[M]. Книжный мир. Москва, 2012.

[46] Мау В. , Кузьминов Я. и др. 《Стратегия-2020》: новая модель роста - новая социальная политика[M]. Издательский дом 《Дело》. Москва, 2013.

[47] Тимохина Е. Анализ устойчивости федерального бюджета России в период кризиса [J]. Вопросы экономики, 2011, 1.

[48] Дасковский В. Б. , Киселёв В. Б. О мере и формах государственного участия [J]. Экономист, 2011, 8.

[49] Об утверждении Плана перехода федеральных органов исполнительной власти и федеральных бюджетных учреждений на использование свободного программного обеспечения на 2011—2015 год. Распоряжение Правительства Российской Федерации от 17 декабря 2010 г. № 2299-р.

[50] Андрианова Е. Г. , Сычева А. И. , Багров С. В. Пути обеспечения безопасности функционирования распределённых информационных систем государственного и муниципального управления [J]. ИТ-Стандарт, 2014, 1.

[51] Лямин Ю. А. Проблемы использования импортных программных комплексов при мониторинге информационных систем. [J]. Интеллектуальные системы в информационном противоборстве. M, 2015.

[52] Массух И. Импортозамещение программного обеспечения: хорошо забытые старые задачи. Экспертный центр электронного государства. Сентябрь 2015. http://drussia. ru/wp-content/uploads/2015/09/RMI_3_SC. pdf.

[53] Проблемы ипортозамещения в информационных системах импортозамещения в информацонных системах[J]. Экономика, Статистика и Информатика, 2016, 4.

[54] Идрисов Г. , Каукин А. , Павлов П. Процессы импортозамещения замедля- ются [J]. Экономическое развитие России, (2016). № 17.

[55] Каукин А. , Павлов П. Импортозаме- щение в обрабатывающей промышлен- ности [J]. Экономическое развитие России, (2016). № 3.

[56] Анимица, Е. Г. , Анимица, П. Е. , Глумов А. А. , Импортозамещение в промышленном производстве реги- она: концептуально-теоретические и прикладные аспекты[J]. Экономика региона, 2015, 3.

[57] Низамутдинов М. М. Влияние тенденций демографического развития на формирование

центров роста в регионах и городах [J]. Аудит и финансовый анализ,2016,4.

[58] Феа̧еральный закон от 29 июня 2015 A. N 162-ФЗ до стана̧артизаЌии в Российской Феа̧ераЌиид//РоссийскаяАазета：интернет-сайт.2016.3 июля.URL：https：//rg.ru/2015/07/03/standart-dok. html (а̧ата обращения：28. 08. 2016).

[59] Приказ Министерства промышленности и торговли Российской Федерации от 13. 04. 2015 № 798《Об утверждении Перечня организаций,оказывающих существенное влияние на отрасли промышленности и торговли》.

[60] Центральный банк России,Годовой отчет банка России за 2013 год[M]. Утвержден Советом директоров Банка России. Москва,2014. 04. 25.

[61] Центральный банк России,Годовой отчет банка России за 2014 год[M]. Утвержден Советом директоров Банка России. Москва,2015. 04. 30.

[62] Центральный банк России,Годовой отчет банка России за 2015 год[M]. Утвержден Советом директоров Банка России. Москва,2016. 04. 29.

[63] Центральный банк России,Годовой отчет банка России за 2016 год[M]. Утвержден Советом директоров Банка России. Москва,2017. 04. 28.

[64] КРИЗИС И ФИНАНСОВАЯ СТАБИЛЬНОСТЬ. СТРАТЕГИЯ ТРАНСФОРМАЦИИ БАНКОВСКОГО СЕКТОРА. http：//www. iep. ru/ru.

中文文献：

[1] 熊彼特. 经济发展理论[M]. 北京：商务印书馆,1990.

[2] J. D. 贝尔纳. 科学的社会功能[M]. 北京：商务印书馆,1982.

[3] 王风荣. 中小高新技术企业成长的金融支持制度研究. 北京：中国经济出版社,2006.

[4] 嵇立群. 文明的指点：科技发展与世界现代化进程[M]. 北京：首都师范大学出版社,2005.

[5] 周爱民,张荣亮. 行为金融学[M]. 北京：经济管理出版社,2005.

[6] 冯玮. 日本经济体制的历史变迁[M]. 上海：上海人民出版社,2009.

[7] 华民,等. 制度变迁与长期经济增长[M]. 上海：复旦大学出版社,2006.

[8] [法]梯若尔. 产业组织理论[M]. 张维迎总校译. 北京：中国人民大学出版社,1997.

[9] 李媛媛,金浩. 金融创新、技术进步与产业结构调整[J]. 天津大学学报,2013.

[10] 陈柳钦. 高新技术产业发展的资本支持研究[M]. 北京：知识产权出版社,2008.

[11] 卡洛塔·佩雷斯. 技术革命与金融资本[M]. 田方萌,译. 北京：中国人民大学出版社,2007.

[12] 赵昌文,陈春发,唐英凯. 科技金融[M]. 北京：科学出版社,2009.

[13] 程贵孙,芮明杰. 战略性新兴产业理论研究新进展[J]. 商业经济与管理,2013.

[14] 沃尔特·罗斯托. 经济成长的阶段[M]. 国际关系研究编译室,译. 北京：商务印书馆,1962.

[15] 赫希曼. 经济发展战略[M]. 曹征海,潘照东,译. 北京：经济科学出版社,1991.

[16] 筱原三代平. 产业结构论[M]. 北京：中国人民大学出版社,1990.

[17] 哈罗德. 动态经济学[M]. 北京：商务印书馆,1983.

[18] 戈德史密斯. 金融结构与金融发展[M]. 上海：上海三联出版社,1995.

[19] 陈德棉,蔡莉. 风险投资国际比较与借鉴[M]. 北京：经济科学出版社,2003.

[20] 白钦先. 金融结构、金融功能演进与金融发展理论的研究历程[J]. 经济评论,2005.

[21] 季志业. 俄罗斯发展前景与中俄关系走向[M]. 北京：时事出版社,2016.

[22] 童伟. 2015 年俄罗斯财经研究报告[M]. 北京：经济科学出版社,2016.

[23] 李建民. 独联体投资环境研究[M]. 北京：社会科学文献出版社,2015.

[24] 陆南泉. 中俄经贸关系现状与前景[M]. 北京：社会科学文献出版社,2011.

[25] 何广文. 德国金融制度研究[M]. 北京：中国劳动社会保障出版社,2000.

[26] 刘积余. 美国银行业大变革透视[M]. 北京：中国金融出版社,2001.

[27] 徐明威. 中东欧国家金融体制比较[M]. 北京：经济科学出版社,2002.

[28] 叶辅靖. 全能银行比较研究[M]. 北京：中国金融出版社,2001.

[29] 鹿野嘉昭. 日本的金融制度[M]. 余熳宁,译. 北京：中国金融出版社,2003.

[30] 程伟. 俄罗斯转型 20 年重大问题[M]. 沈阳：辽宁大学出版社,2011.

[31] 徐聪. 德国经济治理[M]. 北京：时事出版社,2015.

[32] 于娟. 卢布汇率制度安排对俄罗斯经济影响研究[M]. 北京：清华大学出版社,2013.

[33] 于娟. 基金、租赁与资产管理[M]. 郑州：河南科学技术出版社,2013.

[34] 张宏民. 石油市场与石油金融[M]. 北京：中国金融出版社,2009.

附　　表

附表 1　截至 2016 年 6 月俄罗斯银行业资产业务排名前 100 家银行

位次	银　　行	资产规模 2016-06-01 /百万卢布	资产规模 2015-06-01 /百万卢布	资产规模增速 2016-06-01—2015-06-01/%
1	ПАО Сбербанк	22 768 481.7	20 040 813.5	13.61
2	Банк ВТБ（ПАО）	9 672 921.3	7 791 796.6	24.14
3	Банк ГПБ（АО）	5 215 086.5	4 387 164.3	18.87
4	ВТБ 24（ПАО）	2 978 797.9	2 615 689.9	13.88
5	ПАО Банк《ФК Открытие》	2 946 963.6	2 439 171.8	20.82
6	АО《Россельхозбанк》	2 674 957.3	2 249 901.4	18.89
7	АО《АЛЬФА-БАНК》	2 166 900.6	1 857 381.2	16.66
8	Банк НКЦ（АО）	1 922 864.8	1 507 752.2	27.53
9	АО ЮниКредит Банк	1 367 789.6	1 229 000.3	11.29
10	ПАО《МОСКОВСКИЙ КРЕДИТНЫЙ БАНК》	1 233 075.7	727 189.2	69.57
11	ПАО《Промсвязьбанк》	1 209 790.1	1 041 356.0	16.17
12	АО《Райффайзенбанк》	836 831.5	861 016.0	−2.81
13	ПАО РОСБАНК	803 185.2	841 237.4	−4.52
14	ПАО《БИНБАНК》	743 283.0	555 712.9	33.75
15	ПАО《БМ-Банк》	739 433.4	1 875 255.9	−60.57
16	ОАО《АБ РОССИЯ》	581 348.4	534 733.1	8.72
17	ПАО《Банк Санкт-Петербург》	552 313.3	509 107.4	8.49
18	ПАО《Совкомбанк》	491 8187	268 893.6	82.90
19	ПАО《Ханты-Мансийский банк Открытие》	489 373.5	665 096.7	−26.42
20	АО《Банк Русский Стандарт》	484 742.9	444 391.2	9.08
21	ПАО《АК БАРС》БАНК	457 116.9	469 614.5	−2.66
22	АО КБ《Ситибанк》	447 404.5	365 005.1	22.57
23	ПАО МОСОБЛБАНК	441 973.4	246 960.8	78.97
24	АО《РОСТ БАНК》	419 029.2	215 375.7	94.56

续表

位次	银　　行	资产规模 2016-06-01 /百万卢布	资产规模 2015-06-01 /百万卢布	资产规模增速 2016-06-01—2015-06-01/%
25	Банк《ТРАСТ》(ПАО)	362 146.8	297 900.9	21.57
26	ПАО АКБ《Связь-Банк》	353 072.9	399 122.3	−11.54
27	ПАО КБ《УБРиР》	340 027.6	288 581.9	17.83
28	АО《СМП Банк》	327 285.2	250 826.3	30.48
29	АО《Нордеа Банк》	313 447.5	329 943.0	−5.00
30	ПАО《МДМ Банк》	297 867.6	354 688.5	−16.02
31	ИНГ БАНК (ЕВРАЗИЯ) АО	289 657.5	312 505.1	−7.31
32	АКБ《РОССИЙСКИЙ КАПИТАЛ》(ПАО)	283 301.5	206 932.3	36.91
33	ПАО БАНК《ЮГРА》	271 702.6	239 757.5	13.32
34	ПАО Банк ЗЕНИТ	268 076.5	282 551.9	−5.12
35	ПАО《МИнБанк》	262 287.7	224 442.7	16.86
36	АКБ《Абсолют Банк》(ПАО)	255 997.2	233 676.4	9.55
37	АО АКБ《НОВИКОМБАНК》	244 547.9	243 944.6	0.25
38	Банк《Возрождение》(ПАО)	224 529.9	220 883.3	1.65
39	ООО《ХКФ Банк》	219 840.3	303 987.0	−27.68
40	АО《ГЛОБЭКСБАНК》	218 104.7	280 750.3	−22.31
41	ТКБ БАНК ПАО	217 448.9	164 033.4	32.56
42	ПАО КБ《Восточный》	193 115.6	205 809.9	−6.17
43	АКБ《ПЕРЕСВЕТ》(АО)	187 905.9	133 832.0	40.40
44	ПАО《Татфондбанк》	187 010.4	173 117.5	8.03
45	АКБ《РосЕвроБанк》(АО)	171 154.7	145 407.2	17.71
46	ПАО《МТС-Банк》	166 436.3	158 857.1	4.77
47	АО《Тинькофф Банк》	162 588.7	137 720.0	18.06
48	Банк《ВБРР》(АО)	160 074.4	90 866.4	76.16
49	АО АКБ《ЭКСПРЕСС-ВОЛГА》	158 518.2	52 098.7	204.27
50	АО《КБ ДельтаКредит》	149 759.3	132 514.6	13.01

续表

位次	银　　行	资产规模 2016-06-01 /百万卢布	资产规模 2015-06-01 /百万卢布	资产规模增速 2016-06-01—2015-06-01/%
51	АО《ОТП Банк》	135 192.0	146 186.8	−7.52
52	《Азиатско-Тихоокеанский Банк》（ПАО）	131 767.3	125 529.1	4.97
53	НКО ЗАО НРД	130 217.6	125 372.4	3.86
54	ПАО《РГС Банк》	127 988.6	119 257.7	7.32
55	АО《МСП Банк》	127 712.3	135 413.0	−5.69
56	ООО Банк《Аверс》	124 835.0	48 917.3	155.20
57	АО《Кредит Европа Банк》	124 254.1	147 194.4	−15.59
58	ПАО АКБ《АВАНГАРД》	120 604.9	118 190.6	2.04
59	АКБ《Инвестторгбанк》（ПАО）	116 161.4	129 209.1	−10.10
60	ПАО《СКБ-банк》	115 026.6	110 052.3	4.52
61	ПАО《Запсибкомбанк》	107 291.9	97 828.7	9.67
62	《Сетелем Банк》ООО	101 924.0	99 412.1	2.53
63	ПАО《Балтийский Банк》	101 301.4	109 800.4	−7.74
64	АО《ФОНДСЕРВИСБАНК》	98 506.1	—	—
65	АО КБ《РосинтерБанк》	95 002.1	76 136.8	24.78
66	КБ《Ренессанс Кредит》（ООО）	94 898.9	124 289.9	−23.65
67	ООО《Русфинанс Банк》	94 121.8	105 313.8	−10.63
68	КБ《ЛОКО-Банк》（АО）	92 191.0	91 341.5	0.93
69	ОАО КБ《Центр-инвест》	91 031.8	89 738.9	1.44
70	КБ《ЮНИАСТРУМ БАНК》（ООО）	88 122.4	56 666.1	55.51
71	ПАО《Банк БФА》	86 484.1	89 320.6	−3.18
72	Банк《Таврический》（ОАО）	85 500.9	60 889.2	40.42
73	Банк СОЮЗ（АО）	84 108.9	79 896.4	5.27
74	《БНП ПАРИБА БАНК》АО	83 553.5	91 049.0	−8.23
75	ЗАО《СНГБ》	82 683.8	86 321.2	−4.21
76	ПАО《Почта Банк》	78 050.0	55 780.3	39.92

续表

位次	银　　行	资产规模 2016-06-01 /百万卢布	资产规模 2015-06-01 /百万卢布	资产规模增速 2016-06-01—2015-06-01/%
77	АО《Банк Финсервис》	76 084.1	61 789.7	23.13
78	АО АКБ《ЦентроКредит》	74 914.3	79 074.9	−5.26
79	ООО《Эйч-эс-би-си Банк (РР)》	74 448.1	75 654.8	−1.60
80	АО АКБ《МЕЖДУНАРОДНЫЙ ФИНАНСОВЫЙ КЛУБ》	70 792.7	94 404.5	−25.01
81	АО《Банк Интеза》	70 748.8	75 513.4	−6.31
82	ООО《Экспобанк》	70 123.1	56 109.8	24.97
83	РНКБ Банк (ПАО)	69 049.4	32 924.2	109.72
84	ООО《Дойче Банк》	68 313.9	93 212.9	−26.71
85	КБ《Кубань Кредит》ООО	67 771.8	54 053.7	25.38
86	АО《БИНБАНК кредитные карты》	67 181.8	63 109.3	6.45
87	ПАО АКБ《Металлинвестбанк》	64 592.5	82 676.5	−21.87
88	Креди Агриколь КИБ АО	60 910.5	57 743.8	5.48
89	АО《БКС Банк》	60 159.9	37 277.4	61.38
90	АКИБ《ОБРАЗОВАНИЕ》(АО)	60 093.4	50 551.0	18.88
91	Банк《ВПБ》(АО)	59 500.9	62 199.4	−4.34
92	ПАО《БАЛТИНВЕСТБАНК》	58 257.8	78 847.3	−26.11
93	Банк МБСП (АО)	57 462.6	50 079.5	14.74
94	КБ《РЭБ》(АО)	55 650.4	55 037.0	1.11
95	ПАО《Крайинвестбанк》	55 327.8	42 330.1	30.71
96	АО《РН Банк》	55 269.2	35 647.9	55.04
97	АйСиБиСи Банк (АО)	53 782.8	52 010.4	3.41
98	ПАО《Межтопэнергобанк》	49 986.9	46 973.0	6.42
99	АКБ《ФИНПРОМБАНК》(ПАО)	49 733.2	50 308.1	−1.14
100	АО РОСЭКСИМБАНК	48 962.7	15 270.8	220.63

资料来源：俄罗斯银行业协会。

附表 2　截至 2016 年 6 月俄罗斯银行居民存款负债排名前 100 家银行

位次	银　　行	资产业务排名位次	居民储蓄存款（至 2016-06）/百万卢布	居民储蓄存款/总负债（2016-06）/%
1	ПАО Сбербанк	1	8 341 182.2	41.31
2	ВТБ 24（ПАО）	4	1 703 008.0	63.28
3	Банк ГПБ（АО）	3	546 195.3	11.56
4	АО《Россельхозбанк》	6	501 237.4	20.9
5	Банк ВТБ（ПАО）	2	412 427.1	4.9
6	АО《АЛЬФА-БАНК》	7	298 654.7	16.76
7	ПАО《БИНБАНК》	14	297 040.4	42.66
8	ПАО《Промсвязьбанк》	11	271 333.0	23.45
9	ПАО《Ханты-Мансийский банк Открытие》	19	209 331.9	45.23
10	ПАО Банк《ФК Открытие》	5	199 485.9	7.2
11	ПАО《МОСКОВСКИЙ КРЕДИТНЫЙ БАНК》	10	190 956.4	16.88
12	АО《Райффайзенбанк》	12	184 697.0	24.56
13	ПАО《Совкомбанк》	18	165 099.7	36.4
14	ПАО БАНК《ЮГРА》	33	159 001.3	66.47
15	ПАО РОСБАНК	13	154 436.3	22.26
16	ПАО《МДМ Банк》	30	151 705.7	54.16
17	АО《Банк Русский Стандарт》	20	150 235.4	37.81
18	ПАО《МИнБанк》	35	145 529.2	58.24
19	ПАО《Банк Санкт-Петербург》	17	142 222.1	28.89
20	ПАО КБ《УБРиР》	27	138 959.0	48.77
21	АКБ《РОССИЙСКИЙ КАПИТАЛ》（ПАО）	32	133 309.8	51.22
22	ООО《ХКФ Банк》	39	120 789.6	65.05
23	АО ЮниКредит Банк	9	118 057.6	9.73
24	Банк《Возрождение》（ПАО）	38	117 790.8	57.84

续表

位次	银　　行	资产业务排名位次	居民储蓄存款（至 2016-06）/百万卢布	居民储蓄存款/总负债（2016-06）/%
25	АО《СМП Банк》	28	116 587.7	37.98
26	Банк《ТРАСТ》（ПАО）	25	104 057.3	33.02
27	ПАО КБ《Восточный》	42	97 297.3	59.35
28	ПАО《АК БАРС》БАНК	21	82 786.2	20.04
29	АО《Тинькофф Банк》	47	72 180.2	55.13
30	ПАО《Татфондбанк》	44	71 531.7	40.62
31	ПАО《СКБ-банк》	60	71 012.6	69.22
32	《Азиатско-Тихоокеанский Банк》（ПАО）	52	67 377.7	59.38
33	ПАО Банк ЗЕНИТ	34	66 043.4	25.92
34	ПАО《МТС-Банк》	46	60 174.2	45.69
35	КБ《Ренессанс Кредит》（ООО）	66	59 977.7	76.05
36	ПАО МОСОБЛБАНК	23	59 650.6	13.2
37	ПАО《РГС Банк》	54	59 073.8	58.63
38	КБ《ЮНИАСТРУМ БАНК》（ООО）	70	57 906.9	69.64
39	ПАО《Запсибкомбанк》	61	56 489.7	59.43
40	АКБ《Абсолют Банк》（ПАО）	36	56 104.1	23.57
41	АО КБ《Ситибанк》	22	53 382.6	11.6
42	АО КБ《РосинтерБанк》	65	52 948.8	57.96
43	ОАО КБ《Центр-инвест》	69	52 686.1	65.41
44	АО《ГЛОБЭКСБАНК》	40	50 775.0	26.71
45	АО《ОТП Банк》	51	48 365.0	47.86
46	ТКБ БАНК ПАО	41	45 924.3	23.91
47	АКБ《Инвестторгбанк》（ПАО）	59	45 337.1	37.94
48	КБ《Кубань Кредит》ООО	85	43 302.0	71.88
49	ПАО АКБ《Связь-Банк》	26	43 050.5	12.91
50	АО《БИНБАНК кредитные карты》	86	42 570.5	72.91

续表

位次	银　行	资产业务排名位次	居民储蓄存款（至 2016-06）/百万卢布	居民储蓄存款/总负债（2016-06）/%
51	ОАО《АБ РОССИЯ》	16	38 215.7	7.3
52	АО АКБ《МЕЖДУНАРОДНЫЙ ФИНАНСОВЫЙ КЛУБ》	80	37 492.4	57.51
53	АО АКБ《ЭКСПРЕСС-ВОЛГА》	49	33 930.0	21.99
54	КБ《ЛОКО-Банк》（АО）	68	33 825.7	43.89
55	КБ《РЭБ》（АО）	94	33 645.4	64.2
56	ПАО АКБ《АВАНГАРД》	58	31 880.9	31.69
57	АО АКБ《НОВИКОМБАНК》	37	30 727.5	14.65
58	ООО《Экспобанк》	82	29 460.7	47.61
59	ПАО АКБ《Металлинвестбанк》	87	29 294.6	48.81
60	АКБ《РосЕвроБанк》（АО）	45	29 093.3	20.24
61	Банк《ВПБ》（АО）	91	28 865.7	55.72
62	ПАО《Балтийский Банк》	63	25 797.5	26.13
63	ПАО《Межтопэнергобанк》	98	25 761.9	58.77
64	АО Банк《Советский》	118	25 016.0	64.08
65	АКИБ《ОБРАЗОВАНИЕ》（АО）	90	23 983.7	44.55
66	ББР Банк（АО）	102	23 774.0	53.04
67	ПАО《Первобанк》	114	23 526.2	61.9
68	ПАО《ЧЕЛИНДБАНК》	108	23 383.7	64.43
69	ПАО《БАЛТИНВЕСТБАНК》	92	22 823.3	36.99
70	ЗАО《СНГБ》	75	22 458.4	30.96
71	ПАО СКБ Приморья《Примсоцбанк》	113	21 445.1	58.28
72	АКБ《ПЕРЕСВЕТ》（АО）	43	21 424.4	12.41
73	Банк《Таврический》（ОАО）	72	21 087.9	25.44
74	《СДМ-Банк》（ПАО）	105	21 061.8	51.34
75	АКБ《ФОРА-БАНК》（АО）	107	20 974.6	54.03

续表

位次	银　　行	资产业务排名位次	居民储蓄存款（至 2016-06）/百万卢布	居民储蓄存款/总负债（2016-06）/%
76	Банк《Левобережный》(ПАО)	112	20 349.4	55.95
77	ПАО《Крайинвестбанк》	95	20 109.2	40.32
78	ПАО《Банк БФА》	71	20 010.8	25.12
79	Банк СОЮЗ (АО)	73	19 261.4	26.2
80	Банк《ВБРР》(АО)	48	18 608.6	12.52
81	ООО Банк《Аверс》	56	18 261.6	17.33
82	ОАО《Газэнергобанк》	110	17 949.9	40.63
83	ПАО《ЧЕЛЯБИНВЕСТБАНК》	111	17 610.1	50.17
84	РНКБ Банк (ПАО)	83	17 127.2	34.49
85	Банк ИПБ (АО)	117	16 623.7	48.49
86	ПАО《МЕТКОМБАНК》	106	15 236.8	39.9
87	АКБ《ФИНПРОМБАНК》(ПАО)	99	14 999.0	36.63
88	АО《Кредит Европа Банк》	57	14 337.3	14.6
89	Банк МБСП (АО)	93	12 327.4	23.73
90	КБ《БФГ-Кредит》(ООО)	103	8 906.4	19.16
91	ПАО《Социнвестбанк》	104	8 857.7	16.64
92	АО《ФОНДСЕРВИСБАНК》	64	8 764.5	8.77
93	АО《Нордеа Банк》	29	7 298.2	2.54
94	АО《Банк Интеза》	81	6 828.5	12.28
95	АО《Банк Финсервис》	77	4 633.6	6.51
96	АО《БКС Банк》	89	4 069.1	7.15
97	АО АКБ《ЦентроКредит》	78	4 021.4	8.06
98	АО《РОСТ БАНК》	24	2 090.5	0.36
99	ПАО《Почта Банк》	76	1 284.0	2.24
100	АКБ《БЭНК ОФ ЧАЙНА》(АО)	116	1 159.8	3.47

资料来源：俄罗斯银行业协会。

附表 3　截至 2016-06-01 俄罗斯银行法人信贷组合规模排名前 100 家银行

排名	银　　行	公司贷款总额/百万卢布	1 年以内公司贷款/百万卢布	公司贷款/贷款组合%	逾期贷款/贷款组合%
1	ПАО Сбербанк	11 787 965.9	1 269 887.50	73.74	2.89
2	Банк ВТБ（ПАО）	4 742 699.6	1 022 401.50	95.65	3.51
3	Банк ГПБ（АО）	3 153 774.2	682 030.00	91.53	2.48
4	ПАО Банк《ФК Открытие》	1 965 684.3	1 346 347.00	98.34	3.79
5	АО《Россельхозбанк》	1 453 449.6	536 427.50	82.68	13.4
6	АО《АЛЬФА-БАНК》	1 192 588.4	312 887.40	84.07	9.0
7	ПАО《МОСКОВСКИЙ КРЕДИТНЫЙ БАНК》	777 169.2	217 301.10	87.05	3.59
8	АО ЮниКредит Банк	687 386.1	134 553.70	85.37	4.41
9	ПАО《Промсвязьбанк》	666 845.7	222 120.60	88.88	9.88
10	АО《Райффайзенбанк》	353 717.0	97 556.70	67.6	6.02
11	ПАО《БМ-Банк》	335 795.6	287 173.10	100	84.34
12	ОАО《АБ РОССИЯ》	289 653.2	99 364.30	97.35	1.56
13	ПАО《Банк Санкт-Петербург》	279 275.3	59 376.40	82.69	4.4
14	ПАО РОСБАНК	273 337.7	113 112.70	62.93	5.21
15	ПАО БАНК《ЮГРА》	263 810.6	8 065.70	99.78	0.30
16	АО《РОСТ БАНК》	252 145.2	78 595.30	96.49	13.25
17	ВТБ 24（ПАО）	238 886.0	86 850.30	14.04	10.38
18	АО《Нордеа Банк》	223 141.1	2 538.50	92.18	0.45
19	Банк НКЦ（АО）	206 621.7	206 621.70	100	—
20	ПАО МОСОБЛБАНК	205 606.2	156 666.40	97.7	48.88
21	ПАО《АК БАРС》БАНК	178 331.6	54 864.90	79.91	1.87
22	ПАО《МИнБанк》	168 330.9	53 190.60	93.92	4.46
23	ПАО Банк ЗЕНИТ	137 773.0	36 385.50	82.61	4.45
24	АО《ГЛОБЭКСБАНК》	134 365.9	51 156.50	93.53	22.41
25	Банк《Возрождение》（ПАО）	131 026.3	72 380.70	73.04	11.46

续表

排名	银　　行	公司贷款总额/百万卢布	1年以内公司贷款/百万卢布	公司贷款/贷款组合%	逾期贷款/贷款组合%
26	АО АКБ《НОВИКОМБАНК》	129 882.0	57 441.30	98.73	25.52
27	АКБ《ПЕРЕСВЕТ》(АО)	129 360.4	43 567.20	96.05	1.05
28	ПАО АКБ《Связь-Банк》	127 606.7	34 854.60	61.16	7.33
29	ПАО《Ханты-Мансийский банк Открытие》	123 466.2	41 735.60	52.04	16.29
30	ПАО《МДМ Банк》	113 607.2	51 545.30	75.83	14.32
31	Банк《ТРАСТ》(ПАО)	111 234.1	57 091.50	51.82	42.49
32	ПАО《Совкомбанк》	109 805.0	26 401.70	64.91	0.33
33	АО КБ《Ситибанк》	108 456.1	82 436.90	69.78	0.02
34	АКБ《РОССИЙСКИЙ КАПИТАЛ》(ПАО)	98 641.5	54 226.50	87.75	29.68
35	АКБ《Абсолют Банк》(ПАО)	93 476.4	62 057.70	67.49	9.31
36	ТКБ БАНК ПАО	88 290.2	41 640.40	72.13	10.93
37	ПАО《БИНБАНК》	87 584.7	21 766.40	79.1	3.85
38	ПАО《Татфондбанк》	87 439.2	24 481.40	82.11	1.0
39	АКБ《РосЕвроБанк》(АО)	76 361.6	34 792.00	80.81	1.78
40	АО《СМП Банк》	74 928.5	33 791.10	89.41	1.11
41	ПАО КБ《УБРиР》	73 047.4	26 042.70	66.71	1.62
42	ИНГ БАНК (ЕВРАЗИЯ) АО	66 828.5	14 343.90	99.96	0
43	ПАО АКБ《АВАНГАРД》	66 710.0	19 155.10	90.99	2.35
44	АО《ФОНДСЕРВИСБАНК》	66 693.6	46 693.70	98.16	62.63
45	АКБ《Инвестторгбанк》(ПАО)	60 410.2	37 043.20	89.54	52.43
46	ПАО《МТС-Банк》	51 491.2	30 349.50	51.75	35.18
47	Банк《Таврический》(ОАО)	49 975.7	43 426.40	98.23	73.98
48	АО《Кредит Европа Банк》	49 365.7	8 106.30	48.7	2.48
49	Банк《ВПБ》(АО)	48 116.2	11 781.10	94.24	2.38
50	АО КБ《РосинтерБанк》	48 001.8	13 733.10	94.62	3.05

续表

排名	银　行	公司贷款总额/百万卢布	1年以内公司贷款/百万卢布	公司贷款/贷款组合%	逾期贷款/贷款组合%
51	АО АКБ《МЕЖДУНАРОДНЫЙ ФИНАНСОВЫЙ КЛУБ》	46 373.2	16 375.80	95.88	10.64
52	АО《Банк Интеза》	45 344.2	25 855.00	94.39	15.27
53	ООО Банк《Аверс》	43 075.6	35 304.40	92.06	0.43
54	ОАО КБ《Центр-инвест》	42 798.7	17 106.90	53.24	5.03
55	《Азиатско-Тихоокеанский Банк》(ПАО)	39 585.7	19 542.10	44.34	5.2
56	КБ《Кубань Кредит》ООО	38 592.2	20 492.00	85.12	0.86
57	Банк《ВБРР》(АО)	36 723.8	21 239.70	80.28	4.77
58	АКИБ《ОБРАЗОВАНИЕ》(АО)	36 114.8	22 205.40	96.4	2.56
59	ПАО《Межтопэнергобанк》	36 081.8	8 723.40	94.22	5.5
60	АКБ《ФИНПРОМБАНК》(ПАО)	35 434.3	12 180.30	91.56	5.41
61	КБ《РЭБ》(АО)	34 591.1	4 268.70	94.94	3.34
62	КБ《ЮНИАСТРУМ БАНК》(ООО)	32 284.3	9 308.20	77.26	7.82
63	АО АКБ《ЦентроКредит》	31 417.0	16 863.80	96.62	2.77
64	Банк СОЮЗ (АО)	30 299.0	12 929.00	67.92	6.46
65	ПАО《Банк БФА》	30 010.0	8 447.50	94.13	18.2
66	КБ《ЛОКО-Банк》(АО)	29 432.2	10 577.80	61.65	3.82
67	ЗАО《СНГБ》	28 827.2	9 391.50	60.57	7.59
68	АО《Банк Русский Стандарт》	28 756.5	13 452.30	15.96	0
69	ПАО《Запсибкомбанк》	25 469.6	8 700.50	37.13	5.56
70	ПАО《БАЛТИНВЕСТБАНК》	25 133.2	6 860.70	78.21	14.34
71	Креди Агриколь КИБ АО	21 963.2	12 293.70	100	—
72	Банк МБСП (АО)	21 051.0	3 830.40	97.58	8.85
73	АО《Банк Финсервис》	20 151.8	7 792.80	87.75	2.2
74	ООО《ХКФ Банк》	18 524.8	6 802.40	10.9	0
75	ПАО《Балтийский Банк》	18 455.5	12 858.40	71.96	56.27

续表

排名	银　　行	公司贷款总额/百万卢布	1年以内公司贷款/百万卢布	公司贷款/贷款组合%	逾期贷款/贷款组合%
76	ООО《Экспобанк》	18 399.6	4 850.70	97.89	2.12
77	АО РОСЭКСИМБАНК	17 346.1	8 054.70	100	15.83
78	ПАО《РГС Банк》	15 688.7	7 860.10	37.49	12.27
79	ПАО《Крайинвестбанк》	15 617.7	8 305.90	77.26	36.43
80	ПАО《СКБ-банк》	14 949.9	7 076.50	17.69	10.85
81	АО《ОТП Банк》	14 814.7	7 338.70	15.03	7.02
82	АО《МСП Банк》	14 802.3	1 178.10	100	7.42
83	《БНП ПАРИБА БАНК》АО	14 599.3	2 020.80	100	4.21
84	ПАО АКБ《Металлинвестбанк》	13 806.6	6 375.90	52.37	11.19
85	ООО《Дойче Банк》	11 626.3	10 410.10	100	—
86	ПАО КБ《Восточный》	11 488.1	10 506.20	8.35	3.24
87	ООО《Эйч-эс-би-си Банк (РР)》	10 998.9	8 712.30	99.1	—
88	АО《Тойота Банк》	10 577.1	9 271.70	22.71	1.02
89	АО《Тинькофф Банк》	9 078.9	3 424.40	7.95	0
90	РНКБ Банк (ПАО)	7 991.6	3 356.20	50.61	0.21
91	АйСиБиСи Банк (АО)	6 902.0	230.00	100	—
92	КБ《Ренессанс Кредит》(ООО)	6 530.7	5 247.30	7.77	0
93	АО《БКС Банк》	2 783.3	2 742.90	91.65	15.72
94	АО АКБ《ЭКСПРЕСС-ВОЛГА》	2 294.3	2 189.40	31.04	85.64
95	АО《БИНБАНК кредитные карты》	2 229.3	2 220.50	7.25	7.75
95	АО《БИНБАНК кредитные карты》	2 229.3	2 220.50	7.25	7.75
96	ПАО《Почта Банк》	1 268.6	1 174.60	1.62	0
97	ООО《Русфинанс Банк》	1 109.0	1 109.00	1.21	2.89
98	《Сетелем Банк》ООО	543.9	511.70	0.58	0
99	АО《КБ ДельтаКредит》	68.1	68.10	0.06	0
100	АО《РН Банк》	9.9	9.90	0	0

资料来源：俄罗斯银行业协会。

附表 4　截至 2016-06-01 俄罗斯银行居民信贷组合规模排名前 100 家银行

排名	银　　行	居民贷款总额/百万卢布	1 年以内居民贷款/百万卢布	逾期贷款/贷款组合/%	居民贷款/贷款组合 /%
1	ПАО Сбербанк	4 198 452.0	26 498.80	4.21	26.26
2	ВТБ 24（ПАО）	1 462 874.9	85 790.10	8.79	85.96
3	АО《Россельхозбанк》	304 417.6	2 290.50	4.39	17.32
4	Банк ГПБ（АО）	291 856.4	6 094.00	2.38	8.47
5	АО《АЛЬФА-БАНК》	225 933.5	19 753.90	24.46	15.93
6	Банк ВТБ（ПАО）	215 832.7	1 387.00	7.82	4.35
7	АО《Райффайзенбанк》	169 571.0	165.00	5.98	32.4
8	ПАО РОСБАНК	161 007.1	14 289.00	12.69	37.07
9	ООО《ХКФ Банк》	151 474.6	31 669.50	11.83	89.1
10	АО《Банк Русский Стандарт》	151 436.6	9 024.20	39.88	84.04
11	ПАО КБ《Восточный》	126 167.9	559.70	21.50	91.65
12	АО ЮниКредит Банк	117 824.9	7 331.30	13.67	14.63
13	ПАО《МОСКОВСКИЙ КРЕДИТНЫЙ БАНК》	115 658.3	4 376.00	5.56	12.95
14	ПАО《Ханты-Мансийский банк Открытие》	113 774.0	6 347.70	19.50	47.96
15	АО《КБ ДельтаКредит》	109 890.6	25.10	0.34	99.94
16	АО《Тинькофф Банк》	105 124.7	1 960.80	11.58	92.05
17	Банк《ТРАСТ》（ПАО）	103 406.8	16 926.60	35.03	48.18
18	《Сетелем Банк》ООО	93 392.7	4 072.60	6.22	99.42
19	ООО《Русфинанс Банк》	90 864.6	7 172.90	10.99	98.79
20	АО《ОТП Банк》	83 739.2	38 631.60	18.91	84.97
21	ПАО《Промсвязьбанк》	83 461.8	5 553.40	13.32	11.12
22	ПАО АКБ《Связь-Банк》	81 051.5	142.70	2.73	38.84
23	КБ《Ренессанс Кредит》（ООО）	77 528.8	13 713.10	17.94	92.23
24	ПАО《Почта Банк》	77 006.5	6 159.70	19.10	98.38

续表

排名	银　　行	居民贷款总额/百万卢布	1年以内居民贷款/百万卢布	逾期贷款/贷款组合/%	居民贷款/贷款组合/%
25	ПАО《СКБ-банк》	69 570.3	593.40	3.64	82.31
26	ПАО《Совкомбанк》	59 367.9	3 909.40	16.31	35.09
27	ПАО《Банк Санкт-Петербург》	58 482.0	2 121.20	1.45	17.31
28	АО《Кредит Европа Банк》	51 995.6	7 612.40	20.56	51.3
29	《Азиатско-Тихоокеанский Банк》(ПАО)	49 682.0	3 847.00	10.85	55.66
30	Банк《Возрождение》(ПАО)	48 362.5	2 408.40	3.00	26.96
31	ПАО《МТС-Банк》	48 016.5	1 866.80	38.72	48.25
32	АО КБ《Ситибанк》	46 975.6	20.00	0.83	30.22
33	АКБ《Абсолют Банк》(ПАО)	45 019.0	227.40	3.76	32.51
34	ПАО《АК БАРС》БАНК	44 832.7	330.70	11.25	20.09
35	ПАО《Запсибкомбанк》	43 134.7	65.40	2.35	62.87
36	ОАО КБ《Центр-инвест》	37 583.0	839.10	2.03	46.76
37	АО《РН Банк》	36 826.0	21.30	0.53	99.97
38	ПАО КБ《УБРиР》	36 451.1	2 201.70	4.86	33.29
39	ПАО《МДМ Банк》	36 214.1	4 849.50	26.73	24.17
40	АО《Тойота Банк》	35 997.0	980.40	2.17	77.29
41	ТКБ БАНК ПАО	34 114.6	518.40	7.32	27.87
42	ПАО Банк《ФК Открытие》	33 099.9	1 530.00	16.81	1.66
43	ПАО Банк ЗЕНИТ	29 010.5	471.00	3.29	17.39
44	АО《БИНБАНК кредитные карты》	28 536.8	23 642.20	17.02	92.75
45	ПАО《РГС Банк》	26 159.7	6 395.20	36.27	62.51
46	ПАО《БИНБАНК》	23 140.5	516.60	28.15	20.9
47	ПАО《Татфондбанк》	19 051.2	819.90	6.87	17.89
48	АО《Нордеа Банк》	18 922.2	1.50	4.28	7.82
49	ЗАО《СНГБ》	18 763.4	161.90	0.98	39.43
50	КБ《ЛОКО-Банк》(АО)	18 310.5	706.80	6.22	38.35

续表

排名	银　行	居民贷款总额/百万卢布	1年以内居民贷款/百万卢布	逾期贷款/贷款组合/%	居民贷款/贷款组合/%
51	АКБ《РосЕвроБанк》(АО)	18 138.7	357.70	10.38	19.19
52	Банк СОЮЗ (АО)	14 314.0	225.00	13.94	32.08
53	АКБ《РОССИЙСКИЙ КАПИТАЛ》(ПАО)	13 773.2	56.90	17.09	12.25
54	ПАО АКБ《Металлинвестбанк》	12 555.2	60.00	3.27	47.63
55	ПАО《МИнБанк》	10 904.5	602.00	4.33	6.08
56	ПАО《ЧЕЛИНДБАНК》	10 380.1	220.60	2.47	40.48
57	КБ《ЮНИАСТРУМ БАНК》(ООО)	9 502.0	2 498.90	24.64	22.74
58	АО《ГЛОБЭКСБАНК》	9 299.3	28.80	3.41	6.47
59	АО《РОСТ БАНК》	9 172.9	623.60	11.74	3.51
60	Банк《ВБРР》(АО)	9 022.5	120.70	2.33	19.72
61	АО《СМП Банк》	8 874.3	1 453.00	24.88	10.59
62	ОАО《АБ РОССИЯ》	7 873.9	173.20	2.58	2.65
63	РНКБ Банк (ПАО)	7 800.1	216.50	0.74	49.39
64	ПАО《Балтийский Банк》	7 189.9	178.30	11.26	28.04
65	АКБ《Инвестторгбанк》(ПАО)	7 060.8	0.20	18.41	10.46
66	ПАО《БАЛТИНВЕСТБАНК》	7 004.2	112.40	30.52	21.79
67	КБ《Кубань Кредит》ООО	6 748.1	68.50	1.16	14.88
68	ПАО АКБ《АВАНГАРД》	6 603.2	4 833.00	20.85	9.01
69	АКБ《ПЕРЕСВЕТ》(АО)	5 323.8	742.90	4.64	3.95
70	АО АКБ《ЭКСПРЕСС-ВОЛГА》	5 096.0	10.90	38.30	68.96
71	ПАО МОСОБЛБАНК	4 843.2	—	39.19	2.3
72	АКБ《ФОРА-БАНК》(АО)	4 712.1	454.50	16.95	15.1
73	ПАО《Крайинвестбанк》	4 596.5	108.40	6.34	22.74
74	ООО Банк《Аверс》	3 713.1	40.60	0.43	7.94
75	АКБ《ФИНПРОМБАНК》(ПАО)	3 267.5	769.50	19.68	8.44

续表

排名	银行	居民贷款总额/百万卢布	1年以内居民贷款/百万卢布	逾期贷款/贷款组合/%	居民贷款/贷款组合/%
76	Банк《ВПБ》(АО)	2 939.4	1 770.80	0.47	5.76
77	АО《Банк Финсервис》	2 812.2	35.50	27.25	12.25
78	АО КБ《РосинтерБанк》	2 728.7	529.40	8.39	5.38
79	АО《Банк Интеза》	2 693.1	123.70	22.98	5.61
80	ПАО《Межтопэнергобанк》	2 211.7	69.90	12.31	5.78
81	ББР Банк (АО)	2 040.4	131.10	14.09	6.91
82	АО АКБ《МЕЖДУНАРОДНЫЙ ФИНАНСОВЫЙ КЛУБ》	1 993.9	85.90	26.60	4.12
83	ПАО《Банк БФА》	1 870.4	39.50	0.25	5.87
84	КБ《РЭБ》(АО)	1 845.1	450.60	5.41	5.06
85	АО АКБ《НОВИКОМБАНК》	1 671.8	334.00	7.02	1.27
86	《СДМ-Банк》(ПАО)	1 662.9	69.00	2.34	8.79
87	ПАО《МЕТКОМБАНК》	1 400.1	66.30	25.39	8.36
88	АКИБ《ОБРАЗОВАНИЕ》(АО)	1 349.7	114.40	1.26	3.6
89	АО《ФОНДСЕРВИСБАНК》	1 250.5	31.30	56.38	1.84
90	АО АКБ《ЦентроКредит》	1 099.7	127.50	40.29	3.38
91	Банк《Таврический》(ОАО)	898.3	0.50	50.57	1.77
92	ПАО《Социнвестбанк》	709.2	14.00	1.87	14.6
93	ПАО БАНК《ЮГРА》	591.9	274.40	6.14	0.22
94	Банк МБСП (АО)	521.0	10.40	13.12	2.42
95	КБ《БФГ-Кредит》(ООО)	407.2	38.70	70.34	0.74
96	ООО《Экспобанк》	396.2	9.90	17.15	2.11
97	АО《БКС Банк》	253.7	14.40	22.49	8.35
98	ООО《Эйч-эс-би-си Банк (РР)》	99.4	—	—	0.9
99	ИНГ БАНК (ЕВРАЗИЯ) АО	26.7	0.30	0.64	0.04
100	АйСиБиСи Банк (АО)	0.1	—	—	0

资料来源：俄罗斯银行业协会。

俄罗斯建立离岸金融中心的战略意义与路径选择

【摘要】 塞浦路斯银行在希腊债务危机中的逆势而为与其国内机构不良贷款激增共同诱发了银行危机。由于塞浦路斯政府无力承担巨额救助而宣告金融危机发生并申请国际救援。作为救援措施之一的"银行存款税"虽未被采用，却触动了俄罗斯离岸经济的痼疾，促使俄罗斯政府加速经济"去离岸化"进程。[①] 与俄罗斯有密切联系的离岸金融中心地中，对俄直接投资居首位的是塞浦路斯。俄国内私人企业假道离岸经济逃避司法管辖造成俄罗斯经济严重"失血"，并对经济安全产生威胁。[②] 俄罗斯政府一边规范实体企业经营的同时，一边为创造和丰富企业的生存发展环境提出构想，即在远东地区建立新的离岸金融中心，选址位于萨哈林岛、千岛群岛。[③] 梅德韦杰夫指出："这一构想存在风险，但无论如何，远东地区都需要新的机制来促进其发展。"离岸金融中心作为国际资本市场的战略要地，在经济全球化的今天备受各国政府瞩目，新兴经济体愈加希望离岸金融中心的建设促进本国经济实力的提升。那么俄罗斯建立离岸金融中心的战略意义是什么？路径选择中的可能性又如何？

关键词： 俄罗斯　经济离岸化　离岸金融中心　卢布跨境交易

---

① 俄罗斯国内经济政治改革的产物——离岸经济，其发展之初缓慢，经过 20 世纪八九十年代快速发展，进入 21 世纪后俄罗斯私人企业较大规模资本流动是通过离岸经济运行。

② 2012 年、2013 年连续在国情咨文中普京强调："离岸区司法管辖地注册，最终受益人属于俄罗斯所有者的公司收入应该按照我国税务规定征税，税收应该支付给俄罗斯预算。如果不按照法律执行，这些企业将无法获得国家支持，包括外经银行的贷款和国家担保。"2014 年 2 月普京呼吁俄罗斯联合工业家和企业家联盟仔细拟订经济离岸化的相关提案。2014 年 3 月末俄罗斯财政部起草了打击离岸公司的第一部法律草案——关于外国受控人(CFC，受控外国公司)。这意味着若该草案通过，不仅是所有的俄罗斯公司，而且还包括个人，如果拥有外国公司哪怕至少是 10%的股份，都将必须报告税务机关，并且按照规定向俄罗斯预算纳税。http://tchinese.ruvr.ru/2014-03-29/.

③ 俄罗斯俄新社 2013 年 3 月 21 日报道。

一、俄罗斯建立离岸金融中心的战略意义

离岸金融市场自20世纪中期兴起至今，为金融全球化、自由化以及世界经济的深度融合发挥了至关重要的作用，各国不仅积极参与离岸金融市场活动促进与他国经济合作，而且思考并努力构建本国离岸金融中心的形成。

（一）2008年金融危机后离岸金融中心的变化

离岸金融的优势吸引世界各地的私人银行和跨国公司纷至沓来，其税收中性资金的离岸管理备受青睐。然而这一关注在金融危机后，随着G20决定联合惩罚避税天堂机制的启动，离岸中心开始实施综合税务合作标准和减少银行保密程度。[①] 监管政策的实施对离岸金融中心产生了两个明显变化，改变之一是迫使离岸市场和私人银行大幅度调整其商业模式，促使其离岸业务与陆上金融的业务平衡朝向地区投资倾斜。改变之二在于为了避免被强制执行征税，私人投资者开始回收未报税离岸资金，同时其本国开始宣布综合税收减免措施，加速失去离岸税收优惠的公司将资金用于当地投资。

（二）俄罗斯离岸中心建立的战略意义

俄罗斯经济目前正处于能源依赖型向技术创新型的经济增长方式转变，困扰各项中长期发展战略的主要因素之一是金融资金支持不足。然而随着G20联合惩罚避税机制的启动，从原离岸金融中心释放出的游离资本将会寻找新的平台与投资机会，而此时俄罗斯提出欲构建离岸金融中心不仅是解决融资不足的举措之一，而且也为各项发展战略的进一步向前推进提供了多元帮助。

2012年12月12日普京总统国情咨文中指出："我们不寻求超级大国之名，也不图谋他人之利，不强制别国接受俄罗斯的保护，不教别人怎么生活，但我们要捍卫国际法，尊重国家主权和独立，争取成为世界领袖！"此语响彻冬日俄罗斯大地，振奋俄罗斯民族精神。然而振聋发聩的号角过后是进入发展规划倒计时的诸多战略亟待落实。《俄罗斯联邦2020年前创新发展战略》由于俄罗

① 为私人银行业务提供避税政策即离岸金融价值主张的注册地，如开曼群岛、瑞士即卢森堡等将受到较大冲击，因为这些注册地的客户大部分来自G20国家，而且瑞士已于2014年5月7日发布声明，将自动向其他国家交出外国人账户的详细资料。

斯商业银行的实质性信贷支持有限和风险投资从理念到行动的滞后，以及金融体系中银行、保险和证券三者协同风险分摊机制薄弱等因素成为战略性科技创新产业发展的制约瓶颈。俄罗斯远东部2013年3月制订的《2025年前远东和贝加尔地区社会经济发展纲要》草案中明确了国家要达到的具体目标包括："消除现有的地区经济发展失衡；在2025年之前劳动生产率提高1.1倍；能耗量下降30%；在纲要实施期间工业生产总值增加1.6倍；提高加工制造业在经济结构中比重达到8.4%；产品出口总额增长2.4倍；增加住宅面积每年达到1 500万平方米；远东和贝加尔地区人口在2025年以前达到1 240万人。"[①]为了实现纲要目标，必须保障稳定的资金来源，这其中包括政府拨款和长期的金融信贷支持。俄罗斯政府在保障稳定税收供给外，积极寻找国际合作机会促进国家战略的实施。构建萨哈林或千岛群岛离岸金融中心吸引海外资金入注，带动和繁荣地区经济，从而实现经济从"失血""输血"到"造血"的转变。

二、 离岸金融中心形成的理论基础与发展路径

离岸金融发端于欧洲货币市场，此后由于在岸国高额税收、严格政策管制与跨国资金和国际市场繁荣的伴生，通信信息迅猛发展的催化，使离岸金融与金融创新产品交流日益密切，并构建出了一个全球性二级交易系统。离岸金融中心产生的主要理论基础是制度变迁理论和金融创新理论中的西尔柏约束诱导型金融创新、卡恩规避型金融创新和希克斯的交易成本型创新理论。

（一）离岸金融中心发展的理论支持

1. 制度变迁理论

诺斯的制度变迁理论（institution change theory）中，一国金融制度供给出现边际收益与边际成本不一致时，该制度处于非均衡状态且这一状态不会持续。基于成本最小化或者收益最大化的考虑，参与主体会寻求改变，使新的均衡出现于再平衡制度安排下。根据制度变迁理论，制度影响着资源的最优配

① 原文载自俄《太平洋之星》2013年2月14日访谈俄罗斯远东发展部部长、总统驻远东联邦区全权代表В. И. 伊沙耶夫。

置。制度虽然本身是一种经济体系运行的内部因素，但却存在一定的外部性，对资源的配置起重要的影响，而其根源在于制度变迁没跟上经济社会发展的速度出现了不匹配的现象。

离岸金融的产生究其原因主要在于金融体系制度下的管制相异。在运用自由兑换货币方面存在本国金融机构、投资主体较外国金融机构管制严厉的情况。这就使该国金融公司使用外国货币进行国际结算、外汇对冲以及跨国投融资业务时努力避免本国政府管制，最终实现金融资源的合理配置。

2. 约束诱导型金融创新

西尔柏(W. L. Silber)提出约束诱导型金融创新是针对微观金融组织企业经营活动中受到两个方面的抑制后提出“自卫型”创新措施。他认为金融组织通常会受到两方面的金融压制：其一是政府的控制管理，这对企业经营的外部条件产生变化导致银行机会成本增加；其二是企业经营安全的要求，如金融企业必须保持安全性、流动性和盈利性原则而随时保有充足的清偿能力进行资产负债管理，来自自身稳健经营的压力也需要企业通过创新来协调。

3. 规避型金融创新

凯恩(E. J. Kane)的规避型创新是从金融组织外部条件改变而理解其金融创新行为。宏观环境中各项法规和制度建立是保障经济平稳运行的条件，然而这些管制无形中增加了企业成本，缩小了企业利用管制以外的机会和利润空间。因此金融组织积极创新金融工具予以规避管制。它是经济单位追逐利润最大化过程中对政府管制约束的合理手段的反映。

4. 希克斯和尼汉斯的交易成本创新理论

希克斯和尼汉斯(J. R. Hicks，J. Niehans)的交易成本创新理论提出，降低交易成本是金融创新的首要动机，而交易成本的高低决定金融业务和金融工具是否具有实际意义[①]，同时金融创新是科技进步导致的金融交易成本降低的反映。希克斯讨论金融组织借助科技进步在追求交易成本降低的同时是在寻找更高级形式的货币媒介和金融工具，这一过程导致了金融创新。

无论是制度供给角度，抑或金融组织外部约束变化还是金融组织内部经营

---

① 金融交易成本中包括直接成本(金融机构收取的交易费用、佣金、机会成本)和间接成本(投资风险成本、资产预期净收益、投资者的收入和财产、货币替代品的供给等)。

成本考量都为金融创新行为提供了有力的解释。同时金融全球化伴随着通信、交通、传媒等迅速发展，为离岸金融中心的形成和发展提供了必要的物质保障和空间。贸易全球化下的跨国公司和私人银行的积极参与对离岸金融产生了巨大的需求。离岸金融市场宽松的环境、优惠的税收以及便捷的金融结算服务使其在金融全球化中占据重要的位置。

（二）新兴经济体发展离岸金融中心的路径选择

依照离岸金融中心发展是否植入经济实体来看，可以将其分作三种类型：依托经济实体型、部分依托经济实体型和无依托经济实体型。

依托国内实体经济发展起来的离岸金融中心典型地区是伦敦、纽约和东京。其中伦敦是离岸金融与在岸金融一体型，而纽约和东京是离岸金融与在岸金融分离型。依托经济实体发展起来的离岸金融的国家，他们共同具备的特质是雄厚的经济和发达的金融产业自然孕育了离岸金融中心的产生，客观上便捷的地理位置与完善的技术设施和政府及司法制度的保障成了产生的必要条件。内外一体型的离岸金融是国际金融发展的方向。

部分依托实体经济发展起来的离岸金融中心典型国家和地区是新加坡和马来西亚的纳闽岛，形成了内外渗透型离岸金融中心。经济快速发展的新兴市场国家，虽具备构建离岸金融中心的地缘优势，但因其基础设施薄弱和司法制度保障不完善，此时依靠政府推动实现资金在离岸账户与在岸账户之间实现单向或双向出入。快速发展的新兴经济体在金融市场不十分发达的情况下选择建立这一类型的离岸金融中心，便于政府对风险监控和防范，实现参与全球经济体系，促进本国经济发展。

无实体经济依托的离岸金融中心也被称为“避税天堂”，大量岛屿型国家或地区的离岸金融中心属于这一类型，典型代表有巴哈马和开曼群岛。离岸金融市场在税收方面有较强的特殊性，施行税收优惠制度是离岸金融中心在岸地国家处理税收收益监管方面的普遍性原则，而税收额度各国政府执行有差异。因此，参与离岸金融中心的跨国公司和私人银行尽可能利用这一优惠。建立这一类型离岸金融中心的国家由于自身没有实体经济依托，所以充分利用岛国的地理优势和优惠的税收政策吸引国际投资者注册，带动资本跨国流动。

从主要离岸中心的发展路径可以看出，良好的经济环境、优越的地理位置、完善的基础设施和积极的政策支持是形成和发展的重要因素，然而这对于新兴经济体国家而言不是一蹴而就的，需要按步骤分阶段进行。这其中避税型离岸中心的发展随着 G20 国家联合反避税的行动而受到影响，已不足为新兴经济体建立离岸中心类型的首选。而金融市场不发达也使得新兴经济体国家在建立之初必须采取措施，防止离岸市场上因庞大的资本流动而可能对国内经济造成不良影响。由此可以看出内外渗透型离岸金融中心的建设是新兴市场经济国家的首选模式。

三、 俄罗斯离岸金融中心发展路径的 SWOT 分析

SWOT 分析方法是对竞争主体的内部条件与外部环境的各种因素采取综合分析，从而选择最优发展战略的方法。一国或地区发展离岸金融中心涉及主要的内、外部因素包括区位选择、制度因素、业务发展战略与监管等方面。当前，俄罗斯发展离岸金融中心的优势、劣势何在？面临的机会与威胁又体现在哪里？正确认识这些因素是促进俄罗斯离岸金融市场健康发展的前提和基础。

（一） 区位选择因素

离岸金融中心的区位选择因素通常综合了自然地理条件和宏观经济条件，具体包括地理位置、经济环境、金融体系发达程度、基础交通、通信设施条件等。地理位置优势对避税型和内外渗透型离岸金融中心影响很大。避税型离岸金融中心主要依赖优越的自然位置，特别是大洲交汇处的道路与区域，内陆相比便于贸易交流和资金汇集。而占据有利的时区使其在全球 24 小时不间断的金融市场中为参与者创造不间断的交易条件。离岸金融中心地便捷的交通设施和先进的通信系统为离岸金融市场的发展提供了技术保障。

俄罗斯萨哈林州地处东十区，与关岛、马里亚纳和密克罗西亚联邦同属一个时区，如附表 1.1 所示。其濒临鄂霍茨克海和日本海，西与鞑靼海峡与哈巴罗夫斯克遥望，南与日本临海相隔。该州的经济支柱产业是是由天然气开采业、海洋捕捞业和煤炭业。[①] 由此吸引到该地区最踊跃的投资国是美国和日本

① 该州其他部门为木材、木材加工及纸浆业、轻工业、食品业、船舶维修业、建材生产业以及电力工业。

及塞浦路斯。萨哈林的大型港口霍尔姆斯克港与科尔萨科夫港由于与滨海边疆区和哈巴罗夫斯克边疆区百万吨以上港口比邻，其重要作用逐日递增。[①] 同时在社会基础设施建设方面不断加强完善，通过税收优惠措施吸引俄罗斯石油公司投资20亿卢布于萨哈林当地的社会基础设施建设。[②]

附表1.1　离岸金融中心国家、领地或司法管辖区分布时区

中心区	时区(冬令时)	国家、领地或司法管辖地
非洲	零时区	利比里亚、摩洛哥
	东三区	吉布提
	东四区	塞舌尔、毛里求斯
欧洲	零时区	英国(伦敦)、爱尔兰(都柏林)、格恩西岛、马恩岛、泽西岛、葡萄牙(马德拉)
	东一区	安提尔、意大利(金皮庸)、列支敦士登、卢森堡、马耳他、摩纳哥、荷兰、瑞士
	东二区	塞浦路斯、直布罗陀
中东	东二区	以色列、黎巴嫩
	东三区	巴林
亚太地区	东七区	泰国
	东八区	新加坡、中国香港、中国澳门、菲律宾、马来西亚(纳闽岛)
	东九区	日本
	东十区	关岛、马里亚纳、密克罗西亚联邦
	东十一区	瓦努阿图
	东十二区	马绍尔群岛、瑙鲁、萨摩亚
	西十一区	库克群岛、塔西提岛

① 科尔萨科夫港位于萨哈林岛南岸，常年通航。港口与符拉迪沃斯托克港、萨哈林其他港及千岛群岛港往来。主要负责木材、建材、粮食、纸浆、设备和食品等运输。
霍尔姆斯克港位于萨哈林岛西岸，它与陆路交通连接，常年通航，并分作商港和渔港部分。

② 2007年10月10日俄新社报道：俄罗斯石油公司投资20亿卢布于萨哈林当地的社会基础设施建设，包括萨哈林北部住宅、体育场以及整修道路等。萨哈林州长霍洛沙文在新闻发布会上表示给予俄罗斯石油公司财产税与利润税的优惠，每年可达到3.4亿卢布。

续表

中心区	时区(冬令时)	国家、领地或司法管辖地
美洲	西六区	伯利兹、哥斯达黎加
	西五区	巴哈马、开曼群岛、巴拿马、特克斯和凯科斯群岛
	西四区	安奎拉、安提瓜和巴布达、阿鲁巴、巴巴多斯、百慕大、英属维尔京群岛、多米尼克、格林那大、蒙特萨拉特、荷属安地列斯、波多黎各、圣基茨和尼维斯、圣卢西亚、圣文森特和格林纳丁斯
	西三区	乌拉圭
	西五区至西十区	美国

资料来源：杨叠涵，陈瑛. 全球离岸金融中心地理特征研究[J]. 世界地理研究，2013(03)：97-103.

（二）制度因素

在离岸金融中心的形成要素中，制度因素是核心要件，优惠的税率和低管制不断地吸引投资者前往，从已有的离岸中心来看，税收制度优惠、金融管制放松和政策法规健全是其不断进行制度完善的主要方面。金融管制放松主要包括取消外汇管制、减免存款准备金和存款保险要求、利率无上限约束。政策法律法规健全的离岸市场中，政府干预市场行为较少。这些地区除设施金融大法之外，还根据业务方向制定了银行、证券、保险、租赁、信托、基金等法律。

离岸金融中心的税率优惠主要体现在：①所得税、营业税和增值税方面，不同的离岸中心地差别较大，但是在参与主体中对金融机构和国际商务公司(IBC)一般适用较低税率，后者则更是免所得税；②利息、股息、佣金收入、印花税、土地使用税等减免幅度较大，如几乎所有的离岸金融中心都对离岸存款免征存款利息税；③家族财产传承多集中在岛国和避税型中心。离岸金融中心因税收优惠程度不同而产生了税收优惠最具竞争力的虚拟业务型离岸金融中心——避税型离岸金融中心地，他们实施全面税收优惠，通过低税率和免税吸引大量海外资金离岸注册；其次是税收优惠程度中等的金融市场——内外一体型和内外渗透型市场。发达国家和发展中国家均有采用，甚至有些国家不完全具备稳健运行离岸中心的必要条件，但通过有力的税收减免吸引资金进入、促进本国经济发展，因最终要有与实业投资连接，所以基础设施完备是保障金融市场正常运作的基础，由此产生的成本需要以税费抵扣，所以税收优惠居中适度。最后是不具竞争力的税收施行的离岸金融中心——内外分离型。

俄罗斯通过远东地区的自由经济区促进经济战略实施，主要的自由经济区有纳霍德卡自由经济区、萨哈林自由经济区和犹太自治州自由经济区。区内施行多项引资优惠措施，其中税收和海关制度尤为突出。萨哈林自由经济区对区内投资者的优惠在联邦税法基础上不断完善。税收方面规定区内外资企业的利润所得税不得超过30％，并根据外资公司在地年限和外资控股比重进行税率下浮。而外资在萨哈林州提供地区融资活动中，如购买地方政府和自由经济区行政管理机构根据现行法律发行的公债和其他有价证券所得利息全部免税；为萨哈林自由经济区基础设施项目进行投资的外资全资或外资控股企业资本收益全部免息。[①] 在海关制度方面，在萨哈林自由经济区境内生产的出口商品和用于生产及在区内销售的进口商品根据现有规定免交海关税。但在进出口产品的数量和种类上依然存在限额和许可证制度。

（三）监管体系

离岸金融监管体系中涉及监管主体、市场准入与退出机制以及监管对象。对离岸金融中心的监管方面，在岸国金融管理机构是采取分离式监管还是统一监管一直没有定论。从实践执行的情况来看，大部分国家选择借助在岸金融监管主体执行统一监管职能。在金融市场准入审批环节则是根据进驻机构性质分作单一银行间市场的银行机构和多元市场主体的多种金融机构进入。而为避免金融机构退市对当地金融产生影响进行了三道预警措施：危机预警制度、最后贷款人制度和存款保险制度。

外资银行随着俄罗斯金融市场的开放而较早进驻并迅速发展，目前在俄罗斯从事离岸金融业务活跃的本国银行是俄罗斯储蓄银行和俄罗斯外经贸银行，而外资银行数量众多，其中2014年受到好评的银行如附表1.2所示。这些金融机构均接受俄罗斯银行的监管，同时他们在世界各地的离岸金融中心已经注册，分支机构进入俄罗斯吸引俄罗斯投资者从事离岸投融资活动。而俄罗斯存款保险制度的适用对象中只针对俄罗斯商业银行的居民存款享受存款保险，除此之外的存款不在保险范围之内，其中特别强调个人在银行的理财资金和居民

---

① Налоговый кодекс РФ，2013.

在境外俄罗斯商业银行分支行的存款不受到保护。

附表 1.2　俄罗斯离岸金融业务中的外资银行

序号	离　岸　银　行	注　册　地
1	ANDBANK	摩纳哥
2	AP ANLAGE & PRIVATBANK AG	瑞士
3	AP ANLAGE & PRIVATBANK AG	瑞士
4	ATLANTIC INTERNATIONAL BANK	伯利兹
5	BANCA PRIVADA D'ANDORRA	安道尔公国
6	BANCO ESPiRITO SANTO	卢森堡
7	BANK OF NEVIS INTERNATIONAL	尼维斯
8	BELIZE BANK INTERNATIONAL	伯利兹
9	CAYE INTERNATIONAL BANK	伯利兹
10	CIM BANK	瑞士
11	CORNER BANK	卢森堡
12	COUTTS & CO LTD	瑞士
13	CREDICORP BANK	巴拿马
14	CREDIT ANDORRA	安道尔公国
15	EURAMBANK	奥地利
16	EURO PACIFIC BANK	圣文森特和格林纳丁斯
17	FBME BANK	坦桑尼亚
18	GLOBAL BANK OF COMMERCE	安提瓜-巴布达
19	HERITAGE INTERNATIONAL BANK & TRUST LIMITED	伯利兹
20	HERMES BANK	圣卢西亚
21	INVESTORS EUROPE	直布罗陀
22	LATVIAN POSTAL BANK	拉脱维亚
23	LGT	奥地利
24	MEINLBANK	奥地利
25	PANAMA WALL STREET	巴拿马
26	РИЕТУМУ БАНК	拉脱维亚
27	ROYAL BANK OF CANADA	加拿大
28	SEB БАНК	爱沙尼亚

资料来源：Лучший Список Оффшорных Банков на 2014 годhttp://www.offshorewealth.info/。

（四）业务发展

离岸金融中心的业务发展因素中业务范围和本币是否作为交易结算工具是两个重要的内容。在避税型、内外渗透型、内外分离型和内外一体型离岸金融市场中，内外分离型业务范围划分最严格，规定市场参与者仅能在银行间进行同业交易结算活动。而以银行同业交易结算的金融市场，其业务范围具体包括外汇存款、外汇贷款、同业外汇拆借、国际结算、大额可转让订单、外汇担保、咨询业务、开设外币存款储蓄账户、开立进出口信用证。金融机构的服务对象均为非居民，他们是境外自然人、法人（含在境外注册的本国境外投资企业）、政府机构、国际组织及其他组织。金融机构提供的合理避税业务咨询是其客户最关注，也是在岸金融、税务监管当局最为敏感的。离岸金融市场的开放性和普惠性产生的国际避税有其存在的合理性，但是如何协调跨国公司纳税人与两个以上的国家税法和国际法的协调，还需要金融机构提供专业咨询，通过国际转让定价机制和预约定价协议达到多方协商、合理纳税的目的。[①] 另外，本币积极参与并扩大离岸金融业务中的外币储蓄与结算业务已成为新兴经济体国家的发展趋势。但同时存在着已是自由兑换货币的发达国家和部分发展中国家将本币交易结算范围锁定在离岸金融中心之外的情况。

俄罗斯银行业监管数据显示，至 2014 年 5 月在俄注册的银行数量为 875 家，其中包括俄国有股份超过 50%以上的 24 家国家银行，俄资商业银行和外资银行。国有银行中以第一大行——储蓄银行（sberbank）和第二大行外经银行（VTB）为代表。储蓄银行在其国内市场业务份额占有率达到 40%，其资产总额是外经银行的 3 倍，分支行的数量总和占业界 30%。外经银行的专业性较强，在俄罗斯银行体系中主营国际金融业务。目前以这两家为首的俄罗斯国内大型银行正在积极筹备人民币账户使用范围的扩大。2014 年 5 月 22 日，俄罗斯外经银行（VTB）作为唯一在中国取得金融许可证开设分行的俄罗斯银行，并通过上海分行使用人民币办理了首笔跨境交易。这意味着外经银行在俄客户可

---

① 国际转让定价——是指在离岸金融市场上的关联企业在离岸货币、离岸证券等金融业务中，自主确定利率水平，在跨国关联金融机构内部对利润进行重新分配。

预约定价协议（APA）——一种纳税人和税务部门在一个达成共识的时期内，使用预先已经商谈好的转让定价原则和计算方法对该时期内的关联交易进行合理课税的方法。

使用上海分行账户与中国客户进行人民币结算,还可在华办理储蓄业务。

俄罗斯商业银行多由工业财团发展而来,主要的有 Gazprm、ПВ、MDM、莫斯科商业银行、Gllbex 银行、Alfa 银行等大型银行为代表,在近些年积极与国际金融市场衔接业务。

随着俄罗斯金融业开放,许多国际知名银行以独资、控股和参股的形式进入金融市场,并利用银行集团资深业务开办离岸业务。然而每家外资银行对客户的账户开立及资金管理都不相同,如 Andabank 要求开立离岸业务的客户是高净值客户。在该行的储蓄账户中不得低于 50 万欧元,年业务收入规模需在 100 万~700 万欧元。银行将为其提供资产管理,同时在法国和摩纳哥的私人不动产管理和提供支持结算服务(支票、信用卡、网上银行结算等)。俄罗斯卢布跨境结算业务由来已久,但随其经济波动而出现结算业务种类与数量的波动。目前俄罗斯利用能源优势,提升卢布在地区货币体系中的地位,其中在欧亚共同体内的支付结算中使用最为频繁。

(五) 俄罗斯离岸金融市场构建的 SWOT 分析

1. 优势

(1) 政府通过离岸金融促进投资状况改善的诉求强烈。政府推动是许多新兴经济体国家建立和发展离岸金融中心的重要前提,新加坡、马来西亚纳闽岛离岸金融中心的创建都是政府大力支持推动的结果。在离岸金融中心的初建期,政府的态度、决策与行为对离岸金融市场的发展产生直接影响。俄罗斯在普京三次进入克里姆林宫经历的国内外经济政治冲突考验后,表现出一个强力政府,着力通过多种国际经济合作性格是促成国家经济战略的调整,其中包括俄罗斯经济的"去离岸化"和"建立离岸金融中心"。

(2) 俄罗斯远东地区具有良好的地理优势。俄罗斯远东沿海地区的地理位置、时差条件对开展国际金融业务十分有利。在时区位置上能与其他美欧金融中心在闭市与开市之间形成衔接,为市场参与者提供连续交易。萨哈林岛地处东十区,该区域中活跃着关岛、马里亚纳和密克罗西尼亚金融市场,但均处于不同的地理位置,而且个离岸金融中心类型不一,所以,俄罗斯进入该时区丰富了国际离岸金融市场交易活动。

(3) 俄罗斯离岸金融业务已有一定经验。从前述业务发展因素来看,俄罗斯国有银行、俄资商业银行和外资商业银行均有离岸金融业务涉及,并且在经历了1998年和2008年的两次大的金融危机和数次国内金融震荡下,国内银行业的兼并重组使俄罗斯银行业的生命力更加顽强,并在政府的大力推动下,卢布跨境结算交易范围和活跃度逐渐扩大。这是促成离岸金融中心的又一有利条件。

2. 劣势

(1)俄罗斯国内金融市场发展失衡。俄罗斯金融市场发展随着经济全面私有化而开放,建立了以银行、证券、保险和其他金融组织共存的金融组织体系。但是在商业银行改革、证券市场功能健全以及鼓励引进国外资金进入方面仍需要加强,以改善俄罗斯货币市场出现流动性严重不足的情况。商业银行从2012年至今,企业在公司的账户中贷款速度下降、账户余额增速放缓、企业不良资产增加;居民在银行的账户特征显示,家庭消费依赖银行贷款的水平增加,家庭可支配收入中银行服务支出增加,家庭储蓄下降。在证券市场中企业债的活跃度超过政府债。公司借助IPO或SPO形式发行的股票和债券用以固定资产扩充,然而由于证券市场的高度开放性,世界能源行情特别是石油和天然气价格行情影响着俄罗斯的股票价格,同时国外投资者行为、卢布汇率、全球金融稳定性也是影响证券市场流动性的主要因素。

(2)法规不健全,利用离岸金融市场逃税依然存在。由于离岸金融市场的独特性,金融机构为客户提供国际避税的业务咨询与服务,使俄国内税务监管机构对离岸市场的企业融资活动鞭长莫及,经济离岸化导致国家税收流失严重。俄罗斯目前正在加大力度对离岸金融实施严格监控,以此保障离岸金融市场和在岸金融市场活动的金融秩序,以保护市场参与者和在岸国政府的合法权益。

3. 机会

(1)建设离岸金融中心是一国全面融入全球金融体系的重要途径。发展离岸金融业务已经成为当今世界各国加强本国金融竞争的显著特征,各国都在利用一切有利的因素来推动本国的金融业走向国际舞台,最大限度地吸引和利用外资,积极参与国际金融市场。处于经济战略重大调整期的俄罗斯也希望借助这一有利时机提高国内金融效率。

(2)金融危机后引起全球财富分布变化和税收引起的离岸商业模式终结。

金融危机过后新兴经济体复苏的速度高于全球，亚太地区中国和印度的经济增速尤为显著。基于强大的经济基础和企业家精神，亚太地区产生最多高净值个人和企业，他们对资产的要求是投资与增值服务提供。日本保持一贯高净值人群的地位，但由于其老龄化导致其对财富管理更多是传承与储藏服务达到需求。欧洲国家内部有限的经济增长和受困于财政不佳的状况，同时避税型离岸金融服务的透明化使得企业活力不足，进而对离岸服务需求下降。因此在新兴经济体财富快速增长和增长地区亚太化的趋势下，以及原避税型离岸金融地逸散出的高净值客户都成为促成俄罗斯发展离岸金融中心的积极动因和有利机会，以此促进国内投资。

（3）俄罗斯卢布跨境结算为离岸金融中心创造了条件。金融危机后，俄罗斯加速卢布国际化进程，核心是要建立“超主权储备货币”，并多次在G20峰会和圣彼得堡经济论坛传达出“俄联邦要使卢布成为本国公司、邻国和所有想在其结算体系中使用的国家更具吸引力、便捷和安全的结算货币”。如前述的俄罗斯离岸金融业务中，卢布随能源经济关系的扩大而不断延伸结算覆盖领域。由此卢布参与支付、计价的贸易活动增多，这是卢布区域化国际化过程中不可缺少的一步，借助卢布离岸化的次优选择，可以加速俄罗斯离岸金融建设。

4. 威胁

（1）离岸金融中心孕育着风险。离岸金融业务存在诸多风险，它所带来的巨额资金流动会对各国金融体系和金融秩序的稳定产生强大的冲击和重要影响。一方面，离岸金融市场对在岸金融市场形成冲击和干扰，即使是内外分离型模式，也不会从根本上解决离岸资金和在岸资金的相互渗透问题；另一方面，从离岸金融市场本身分析，自身也存在系统性的管理风险。由于离岸金融市场自由化程度较高，如果离岸监管措施效率低则会引发信用风险、市场风险、操作风险、流动性风险等一系列系统性问题。离岸市场一旦出现问题，就会通过价格、利率、汇率和股价等联动机制对经济主体产生链式反应。虽然各国积极建立危机预警机制和通过成熟的调控机制干预市场，将风险控制在可控范围之内，但是离岸金融的系统性风险依然存在。

（2）对俄罗斯政府及货币当局的监管能力和货币政策调控形成挑战。离岸金融中心与在岸国家金融体系处于分立、并存状态。在岸国家规划出专门的离岸区分隔本国政策、法规、税制和外汇管制等，实现区域内金融跨界自由交易。

然而由于离岸金融的“两头在外”特征使其资金业务链中涉及多个层面的参与者，具体包括筹资者母国、金融机构母国、资金供给者母国、货币发行国和金融市场所在国，同时各涉事业务主体均受到母国监管。这实质上是一个虽受到多头监管，但经营环境依然宽松且不受单方完全控制的市场，因此对俄罗斯离岸金融监管提出挑战。如前监管因素所述，参与俄罗斯离岸金融的经济主体众多，且外资机构踊跃。在俄罗斯金融市场的高开放度下，国际政治经济关系对其影响更加敏感，资金流不稳定且极易对国内金融形成冲击。如俄罗斯对外国际政治关系紧张时出现大规模撤资，再如离岸金融与在岸金融存在较大利差时发生资金大规模的套利转移等。如何协调离岸金融与在岸金融的监管，使国内货币政策调控效果不偏离预定目标对俄罗斯货币当局形成挑战。

综合上述分析发现，全球金融一体化加速、金融危机后财富分布变化及税收引起的离岸金融模式终将为俄罗斯离岸金融建设带来契机，同时俄罗斯国内拥有天然良港和金融市场中离岸金融业务经验的积累，以及政府有推动离岸金融发展的强烈诉求为离岸金融创造了有利条件。然而这些积极因素不足以克服离岸金融市场本身存在的系统性风险，这对俄罗斯的金融监管和货币政策提出了挑战。

四、 俄罗斯构建离岸金融中心路径选择的预判与启示

（一） 预判

离岸金融市场活动的全面参与既为新兴市场国家在全面开放国内金融市场之前，发展国际金融市场提供了可能途径；也为在岸国家货币缺乏国际化条件下，建设国际金融市场甚至是国际金融中心提供了市场业务基础。根据离岸金融的因素描述与SWOT分析，构建符合俄罗斯经济发展水平和基本国情的离岸金融发展路径中，应该选择部分依托实体经济的内外渗透型离岸金融中心发展模式。

选择这一模式的意义首先在于俄罗斯国内一直存在投资不足的问题，而内外渗透型离岸金融的建立可以在一定程度上缓解这一困难，从而对国内经济产生积极影响；其次是由于俄罗斯在金融实力较为薄弱、外汇管制在非居民之间实现完全开放条件下，在离岸金融中心建立初期内外渗透型模式可以为在岸金融与离岸金融中间增加资金管理适度调节阀，易于金融监管当局的市场秩序维

护。最后是这一模式有很强的灵活性，便于金融市场的在岸国根据经济发展变化做相应的调整。[①]

（二）启示

作为一个高度自由灵活、快捷便利、高效新型的市场，离岸金融市场对世界经济和市场所在国家具有重大而深远的意义。随着我国经济与金融的国际化程度不断提高，选择地理位置比较优势的国内区域金融中心、运用政策优势，加快促进离岸金融市场的形成和发展，已成为我国金融与国际金融全面对接的重要环节。同属新兴经济体大国的俄罗斯，积极参与离岸金融中心构建过程为我国的金融构建提供了有益的启示。

（1）俄罗斯通过能源经济不断扩大俄罗斯卢布跨境交易，实现卢布区域化跨境自由流通，为其推进离岸金融创造有利条件。当前人民币海外离岸金融中心建设正在积极推进，以人民币计价的金融产品单一，由此产生人民币资产池中债券、保险理财和衍生品规模较小。因此政府的多手段推动和金融产品种类丰富成了我们努力的方向。

（2）俄罗斯金融市场开放较早，外资银行参与经济活动中从辛迪加贷款到居民存贷款业务，由此俄罗斯金融当局对外资银行活动积累比较丰富的监管经验。同时俄罗斯金融市场已经实现了卢布在经常账户和资本账户下的自由结算，非居民之间交易取消外汇管制等金融改革制度。这些都是离岸金融中心发展的积极要素，因此我们需要加快金融市场改革，推进人民币在资本项目下的自由化进程，放松人民币外汇管制。

（3）离岸金融市场系统性风险的存在要求我国完善离岸业务法规。我国推进人民币国际化和建设离岸金融意味着资本项目的开放进程加速，随着我国香港和澳门人民币离岸金融业务的活跃，使人民币在岸金融活动面临较大的利率、汇率压力，由此需要加快利率市场化进程和汇率制度灵活性进一步提升和其他相关离岸业务法规的健全，避免国际金融风险可能带来的严重后果。

---

① 渗透方向方面，可以采用单向渗透（离岸金融向在岸金融的渗透和在岸向离岸金融的渗透）和双向渗透；渗透规模通常以“适度”为宜，即渗透规模以国内经济对外资需求量为准，以补充物价水平、税率和汇率水平为宜。渗透渠道可以采取从间接到直接融资方式转变，由于俄罗斯外汇管制在居民与非居民之间依然存在，所以渗透渠道可以是从间接贷款方式，逐步放开境内企业通过离岸发行债券、股票等直接融资方式。

石油金融异化对俄罗斯卢布汇率的影响

【摘要】 卢布汇率变化与国际油价有紧密的关系，二者均是俄罗斯制定国家宏观经济政策的主要依据。乌克兰危机以来，俄罗斯经济政治活动备受瞩目，西方经济制裁成为卢布贬值的压力。国际游资将金融市场已出现明显内部缺陷的国家或地区作为冲击的首选目标，同时冲击其外汇市场和资本市场，而大宗商品交易成为紧密连接两市场的不二之选。石油纸货交易价格的波动对俄罗斯卢布实际汇率产生重大影响，并通过一系列传导机制功能的发挥触动其国内金融稳定。因此在俄罗斯深陷乌克兰危机之际，卢布作为原油关联货币的条件下，探寻石油金融异化对俄罗斯金融稳定的影响意义深远，旨在揭示影响转型国家金融安全的深层因素，并为维护我国金融安全提供有益借鉴。

关键词：原油关联货币　石油金融异化 卢布汇率

后危机时期俄罗斯的金融市场受国际影响日益频繁，金融系统面临的安全性考验时间逐渐缩短。2014 年 6 月以来国际油价急剧下跌，石油出口国承受财政预算收入下降与经济外部失衡的压力，金融稳定面临的风险上升。到目前为止，货币压力比较集中在俄罗斯、尼日利亚和委内瑞拉等几个产油国。俄罗斯卢布汇率急剧下跌反映出的不仅仅是俄罗斯经济基本面的困境，也反映出其在已经满足现代管理金融全球化风险三大关键要素的情况下，本国金融安全依然屡受冲击，以及当前国际秩序和对经济政治脆弱的可持续性思考。因此在俄罗斯深陷乌克兰危机之际，卢布作为原油关联货币的条件下探寻石油金融异化对俄罗斯金融稳定的影响意义深远，旨在揭示影响转型国家金融安全的深层因素，并为维护我国金融安全提供有益借鉴。

一、石油金融异化影响俄罗斯金融稳定的风险路径传递

金融安全是货币资金融通的安全和金融体系的稳定,并使之保持成功抵御威胁与风险的状态。俄罗斯金融安全的不稳定性主要来自金融市场的高开放度与国内脆弱的金融监管机制不匹配,并且受到加入国际组织后的规则制约。当金融主权受到威胁时正说明来自外源性金融风险是传导机制脆弱的金融体系内部所致。国际游资通常将金融市场已出现明显内部缺陷的国家或地区作为冲击的首选目标,特别是那些短期外债过多、本币汇率严重偏离实际汇率的国家或地区首当其冲。通常采用的手法是同时冲击其外汇市场和资本市场,造成市场短期内的剧烈波动、实现其投机盈利,而大宗商品交易成为紧密连接两市场的不二之选。石油纸货交易价格的波动对俄罗斯卢布实际汇率产生重大影响,并通过一系列传导机制功能的发挥对本国国际收支账户产生影响,触动其国内金融安全。

(一)纸货石油交易影响石油价格波动

石油产业与金融产业之间互联互通、彼此作用。资本市场为石油企业提供上市、发债、短期融资和海外融资等服务,并参与石油企业引导创投基金、支持民企投资石油项目、协助政府保障石油安全策略的实施;同时石油产业也促进了金融产品创新,便于石油企业获得资源或者通过期货、期权、汇率、利率等进行套期保值和投机交易,规避风险进而获得风险收益。然而石油金融化的发展使石油市场与金融市场的分野逐渐消失,二者通过“定价”机制紧密相连,并成为石油实物与纸货交易的重要载体,同时风险在这两个市场中迅速传递。

综合观察近些年来国际油价变动态势发现,石油自身具有的稀缺性、重要的战略性、供需在空间上的分离、供求价格弹性小等内在特性决定了油价波动,政治因素是油价波动短期诱发因素、金融因素主导油价波动态势。这些因素共同作用于金融即期交易市场引起短期纸货油价波动和风险敞口,其中金融因素越来越成为油价波动的造势力量,如附图 2.1 所示。

1. 石油美元对油价的影响

石油美元因“特里芬难题”而产生了石油“计价货币”的系统性风险,因此也成为“计价货币”之争的主因之一。石油美元是石油出口国在高油价时获得的

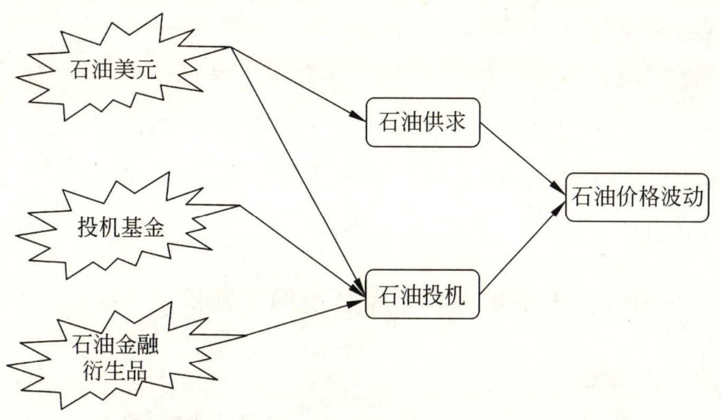

附图 2.1　金融因素影响石油价格波动

巨额贸易顺差，为了石油收益避险增值而不断投向伦敦、华尔街等国际金融市场，成为美国和其他国家股票、国债的重要投资力量，从而形成了“石油美元环流”。石油美元贬值问题不克服，国际油价就会长期处于动荡之中，而当前已启用的石油欧元及其尝试启动的石油卢布都对石油美元的统治地位产生一定程度的动摇。一旦石油出口国抛开美元结算交易，将会加剧美元贬值和引起国际油价动荡。然而从目前情况看，石油产品在构架复杂的国际贸易中被多次转手，若以欧元或卢布计价，货币汇兑风险增加，同样导致油价波动。

2. 投机基金是导致油价剧烈波动的直接原因

2015 年以前，国际金融市场由于对美元贬值的担忧，包括共同基金、养老基金、公司基金、私人基金和基金会基金等在内众多投机基金纷纷进入大宗商品市场交易，导致全球大宗商品价格的普遍上涨，石油因其特有属性成为市场投机力量的首选。而这股投机力量虽不是行情的制造者，却是趋势的忠实跟随者和推动者。其结果在发展中国家容易诱发货币危机。而对于俄罗斯这样的出口能源为主的国家，国际投机者在缺乏其他投机替代的情况下选择投机石油，通过多种手段产生市场噪声和扰乱石油价格。当油价下行发生时，卢布作为关联货币随即发生贬值、美元升值，此时国际货币投机的条件成熟。金融市场投机力量相机发动货币攻击，卢布危机诱发财富踩踏事件。当石油危机与货币危机过后，金融市场迎来的平静期又孕育新一轮投机的开始。由此我们可以看出布雷顿森林体系结束后，美元国际地位的巩固从与黄金挂钩转移到与石油等大宗商品交易紧密相连，进而实现美元的霸权地位。

3. 石油金融衍生品工具推波助澜

石油金融经历了金融创新的多重组合螺旋发展至今，石油金融衍生品种类几乎涵盖所有金融衍生品的类型。美元汇率不断波动，石油价格上涨或下跌的趋势预期形成，各项投机基金会相机做多或做空石油，其结果必将是进一步加剧汇价与油价的波动，导致金融风险加剧。

（二）石油价格下跌与卢布汇率贬值的风险传递

1. 石油汇率理论

石油汇率理论(petrodeum exchange rates)是石油价格与汇率之间的关系。石油作为与金融联系最为密切的基础性能源，其价格波动牵动全球经济。早期的石油价格和汇率研究侧重于模型研究，其代表人物是克鲁格曼等(1981，1983，1987)，后来研究侧重于实证考察二者关系，Pindyck & Roteberg(1990)、Kausik(1998)等发现，美元、英镑、德国马克、日元等贸易加权汇率指数与原油价格之间存在显著的负相关性，即石油价格上升导致本币贬值；Lastrapes(1992)检验了生产率变动，石油价格变动并实际冲击以及以货币政策等名义冲击对美国实际汇率的影响；Kausik(1998)和 Chaudhuri & Daniel(1998)等利用月度数据研究了 OECD16 国汇率与石油价格的关系，显示两者之间存在长期协整均衡关系，且存在石油价格到汇率的单项因果联动。

目前石油汇率文献研究对象多集中于石油进口国，研究石油价格波动对石油出口国汇率的影响却相对较少。实际上，油价波动不可能只对进口国产生影响，对石油出口国的影响也不可忽视。在国际石油贸易中，无论是布伦特(Brent)系原油、WTI 系原油，还是迪拜(Dubai)系原油及亚太区原油(Minas、Tapis 联动计价)，石油出口国多以美元作为计价货币交易结算①。由于存在石油价格与美元实际汇率的负相关关系，即石油价格上升，美元实际汇率下降，出口石油的新兴经济体国家在石油财富拉动本国 GDP 增加的同时，本币对美元的实际汇率也随之发生变动，进而影响本国经济。

---

① 布伦特系原油，占全球原油可交易量的 65%，包含：西北欧原油；俄罗斯和中亚的西向原油；地中海原油，西非原油；中东地区的伊朗、沙特、科威特等国的西向原油。WTI 系原油是美国西德克萨斯中质油，虽不能销往国际市场，但其交易量巨大且透明，对石油市场各种变化的反应灵敏包含有美洲原油；沙特、伊朗等国销往美洲的原油。迪拜系原油包括绝大部分中东原油和用 DEM 交易所的阿曼期货结算价格计价的阿曼油。亚太区原油包括马来西亚原油、印尼原油、越南原油和澳大利亚原油。

2. 石油汇率波动风险的传递

随着新兴经济体国家与全球经济的深入融合，货币自由兑换和跨境资本流动日益表现出规模大、流速快和复杂化的特征，进而要求这些国家有效驾驭各种流量、流速和结构的跨境资本流动，否则会对本国经济产生不可承受性的冲击。在国际经济政治非稳定条件下，能源与金融市场在价格汇率传导机制作用下形成了风险传导途径，其影响路径如附图 2.2 所示。

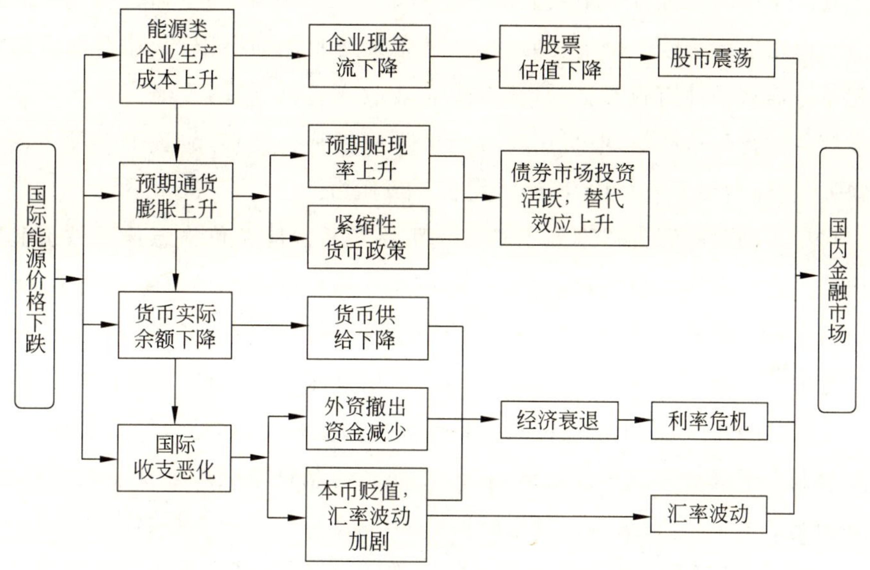

附图 2.2　国际能能源价格影响国内金融市场传导路径

首先是国际能源价格剧烈下跌直接影响能源类生产企业的利润、成本，并引起企业现金流波动，其中包括经营现金流、投资现金流和融资现金流被扰动，继而引起该类型企业股票估值下降，产生股市震荡。新兴经济体的石油出口国能源收入对 GDP 的贡献度很大，而俄罗斯国家财政收入更是有一半以上来自石油、天然气产业，经济结构难以摆脱“资源诅咒”[①]。当石油价格下跌时，一方面根据股价的红利贴现模型，股价就相当于企业未分配利润的净现值，能源价格的波动造成能源类上市公司在成本调整时面临许多不确定因素，从而造成企业

---

① 辽宁大学徐坡岭认为，在国家的强力介入下，经济竞争受到资源部门经济垄断的抑制，制造业技术进步被资源部门的高回报率抑制，国家对资源的非经济目的使用和对低效率部门的补贴造成资源的配置扭曲。

生产成本上升，企业现金流下降，因此能源价格的冲击对于经济的短期和长期影响就可以在股市中得以反映，即能源类企业盈利能力和流动性不足，造成股票价格下跌。另一方面俄罗斯国内能源类企业生产成本上升易于引起通货膨胀预期上升，货币市场中预期贴现率上升，政府通常采取紧缩性的货币政策，此时，金融市场中则出现债券替代股票的投资替代效应上升，推动股票价格进一步下跌，进而引致股市危机。

其次是国际能源价格剧烈下跌引起利率危机。能源价格下跌，能源类企业的生产策略通常是限产保价，抑或出于其他经济目的而不限产，让石油价格随行就市。而后一种措施实施后，能源类企业收入急剧下降，石油出口国虽动用财政储备进行价格补贴，但货币实际余额下降趋势已经形成，货币市场上流动性缺失，实际利率上升，对本国经济增长形成压力。

最后是国际能源价格剧烈下跌引起汇率危机。能源价格急速下跌引起能源出口国国际收支剧烈变化，主要体现在经常账户中能源出口量未减少，而能源出口收入大幅萎缩，影响经常账户的平衡；同时由于新兴经济体中如俄罗斯已经实现资本市场完全开放，同时其国内预期通胀率上升的心理因素推动，在费雪效应的作用下，资本市场的投资者预期实际利率下降，造成资金撤离，资本与金融账户下资金流减少。总体而言，预期高通胀将造成对外贸易收入恶化，最终影响汇率市场，造成本国货币贬值。

因此，国际能源价格下跌主要是通过股市、货币市场和汇市三大渠道对石油出口国家产生影响，并影响其国内货币政策的传导。

二、 国际油价下跌与西方制裁对俄罗斯金融稳定的冲击表现

乌克兰危机以来，俄罗斯经历了五轮金融制裁后正深刻体会着不同油价上的况味人生。① 世界原油定价几经发展形成目前以原油期货为基准价格，辅以

---

① 第一轮主要针对普京总统圈子里的核心成员，他们对克里米亚脱离乌克兰负有直接责任。第二轮主要针对俄政府和党政要员，并把俄一家银行列入金融制裁名单。受制裁者在美资产被冻结，美国人或在美国境内的人或者机构不得与受制裁者交易。第三轮针对俄罗斯领导层 7 名核心人员和 17 家实体。这些实体与以前受制裁的核心人员有密切往来。制裁仍以冻结资产为主，尚未禁止交易。第四轮制裁进入实质性阶段，除资产冻结外，相关资金融资交易也被禁止，俄罗斯国家石油公司和天然气公司都被纳入制裁对象，限制被列为制裁目标的企业进入美国债务市场。第五轮制裁被称为“最严厉”制裁，将常常在西方金融市场筹集资金的俄罗斯国有银行和开发银行作为主要打击目标，同时增加了武器禁运和禁止技术转让。

风险溢价贴水进行调整的价格形成机制。[1] 俄罗斯向国外出口的石油使用统一商标“Urals”。乌拉尔牌石油在确定价格时往往参照同期布伦特油价走势，但因其油品含硫高导致价格略低于布伦特油价，如附图 2.3 所示。

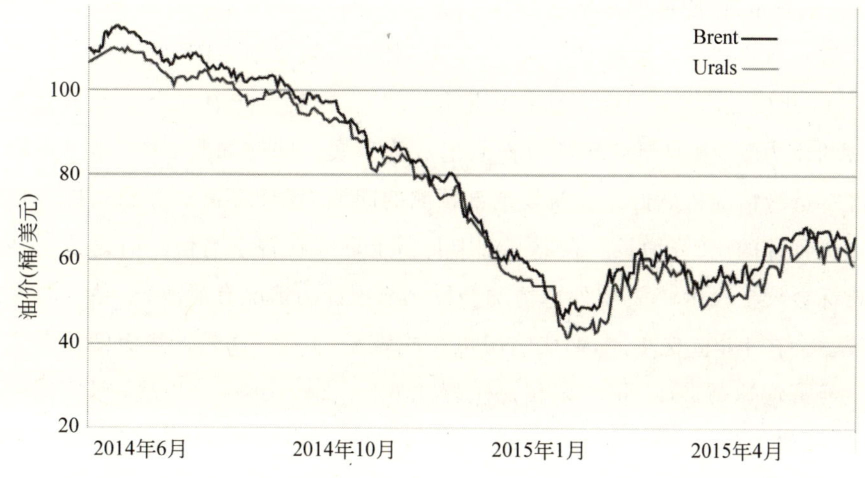

附图 2.3　PTC 市场布伦特与乌拉尔油价趋势(2014-05-30—2015-05-30)

乌克兰危机以来美国和欧盟联合对俄罗斯银行和大型公司实施制裁，这直接影响了俄罗斯从国际市场获得相对廉价的长期资金供给。具体的限制措施包括：限制外部借款的再融资；缩短交易期限，即使不受影响的掉期交易和短期贷款业务也在缩短期限的范围内；延长外币支付结算周期；此外国际评级机构停止对公司新交易品种的评级，这进一步限制了发行人向机构投资者配售债券的可能性。

油价波动与西方联合制裁对俄罗斯国内经济、金融产生强烈冲击。根据 IMF 衡量经济体金融脆弱性存在的两个方面来看，主要涉及金融部门健康运行的微观审慎类指标和与金融体系稳健性相关的宏观经济变量指标。

（一）国际油价冲击下的俄罗斯宏观经济表现

石油价格下跌、美元汇率大幅上涨和俄罗斯国内经济遭到制裁与地缘政治

---

① 当前国际金融市场上重要的原油期货合约有纽约商品交易所(Nymex)的高硫原油期货合约和轻质低硫原油期货合约，即“西德克萨斯中质油”；伦敦国际石油交易所(IPE)的布伦特原油期货合约；以及新加坡交易所(SGX)的迪拜酸性原油期货合约。

不稳定情况下引致的资本外逃共同诱发了卢布急剧贬值,2015 年全年经济负增长已成共识。俄罗斯经济发展部关于 GDP 增长－3%是基于平均每桶原油 50 美元的油价测算而得,并且预计 2015 年初从俄罗斯境内外逃资本规模达到 1 150 亿美元,预期通胀水平达到 12.2%。

俄罗斯联邦统计数据显示 2015 年第一季度,俄罗斯 GDP 增速为－1.9%,而 2014 年度较 2013 年度同期相比增长 0.9%,这就意味着在卢布贬值和西方制裁的压力下,俄罗斯 6 年来首次衰退成为事实。即使如此 2015 年一季度实际经济运行情况依然好于经济发展部预测的同期 GDP 增长－2.2%,以及梅德韦杰夫预计的－2%增长。在此基础上乌留卡耶夫在普京与俄政府讨论宏观经济指标会议上表示[①],资本外逃情况会较之前预计的情况有所改善,估计资本外逃规模会在 1 000 亿美元,通胀情况也会放缓至 11%～12%。然而俄罗斯第二季度经济增速与 2014 年同期相比重挫 4.6%。2015 年 7 月以来,国际油价连跌,跌幅超过 20%,导致卢布汇率贬值超过 40%,由此影响通胀水平;2015 年第二季度以来俄罗斯国内通胀率曾迫近 17%,居民购买力下降。同时上半年俄罗斯对外贸易总额大幅下滑[②],金融市场股市和货币市场表现不积极。

(二) 俄罗斯金融市场的表现

从目前情况来看,国际油价在经历了 2014 年的低谷后开始少许回升,加之欧元贬值给卢布升值带来空间,这有利于俄罗斯稳定国内金融市场。截至 2015 年 5 月末卢布较 2014 年回升 1/3 强。随着油价走高而带来的石油收入增加,卢布汇率继续保持升值状态,俄罗斯政府财政压力会进一步得到缓释。然而卢布强势反弹、俄罗斯金融市场的走强与实体经济的低迷存在明显反差,给金融市场带来了较大的不确定因素。

1. 俄罗斯银行经营稳定性状况

2015 年 1 月 21 日俄罗斯央行公布数据显示,2014 年俄罗斯银行业利润为 5 890 亿卢布(USD90.6 亿),比 2013 年减少 40.7%。但是银行业资产还是比

---

① Путин обсудит с правительством макроэкономические показатели в России http://ria.ru/economy/20150401/.

② 俄罗斯联邦海关 2015 年 8 月统计报告,2015 年上半年俄罗斯外面总额为 2 707 亿美元(同比－32.6%),进口 1 830 亿美元(同比－28.8%),进口 877 亿美元(同比－39.5%)。

2013 年增加了 35.2%，银行利润大幅减少主要是各行为应对经济风险而大幅计提拨备，2014 年全年各行拨备计提共计 1.203 万亿卢布(USD153.9 亿)。根据银行安全的先导性因素和传导性因素观测，2014 年俄罗斯银行业贷款增速，系统性流动、内部管理水平、银行业的盈利能力和集中度等因素表现各异。

(1) 银行业贷款业务。俄罗斯银行根据贷款对象将业务分做了规模以上企业信贷、中小企业信贷和零售贷款。就规模以上信贷而言，2014 年全年信贷增长为 12%，超过 2013 年 10%的水平，企业外债短期再融资加速，但俄罗斯央行再融资效应在当年被耗尽；2015 年市场将再次减速预计达到 9%～10%的水平。然而复杂的地缘政治状况加速政府为国内大企业提供国内信用证，这为大银行提供了资产业务增长的可能。中小企业信贷在 2014 年较以往呈现下降趋势，这是由于该年宣布中小企业贷款新规，包括贷款担保的机构和数量均有明确规定，影响了商业银行对中小企业的贷款投放量。而从零售信贷业绩表现来看，目前零售贷款呈现放缓阶段，从 2013 年的 29%到 2014 年的 23%，其中支持这一水平的主要是无担保个人贷款和按揭贷款业务。俄罗斯商业银行整体因外部冲击导致优质贷款质量下降而加大监管，因此 2014 年国有控股联邦银行之后除零售信贷外，其他信贷机构显示出零售业务呈现下降趋势，如附表 2.1 所示。

附表 2.1　2014—2015 年俄罗斯商业银行信贷业务发展情况　单位：%

年　份	2014	2015
规模以上信贷	12	9～10
中小企业信贷	13	11～12
零售信贷	23	19～20
总资产增长	13	9～10

资料来源：俄罗斯银行。

(2) 贷款组合质量与风险水平。从 2014 年中俄罗斯银行业资产质量恶化的影响开始加重。尽管经济停滞和外部资金支持锐减成为打击俄罗斯国内大企业的重要因素，银行则通过采取重组大额贷款和债务再融资方式减少冲击，其结果表现为，一是企业拖欠贷款增幅变小，但业务结构调整使银行资产质量恶化；二是债务再融资规模加大使银行体系面临的贷款风险集中度趋高，即使是当前也已经达到了 25%～26%的水平，个别大银行已经超过了这个水平。①

（3）商业银行流动性失衡。俄罗斯商业银行流动性缺失状况持续。目前行业监管评估是 2 万亿卢布的缺口，央行利用再贷款和回购协议向商业银行投放流动性。这其中地方性银行是流动性短缺的薄弱环节。究其原因在于银行间市场上，国控大银行利用市场地位优势，积极发放零售贷款，从而挤占了中小银行贷款投放，同时俄罗斯央行对国控大银行的再贷款倾斜，加剧市场投资者对中小银行经营的恐慌。如附图 2.4 所示，央行再贷款资金中 70%份额拨给大银行。目前俄罗斯银行业监管部门正在考虑创建一个真正的有梯度的流行性管理制度，有助于中小银行的健康发展。

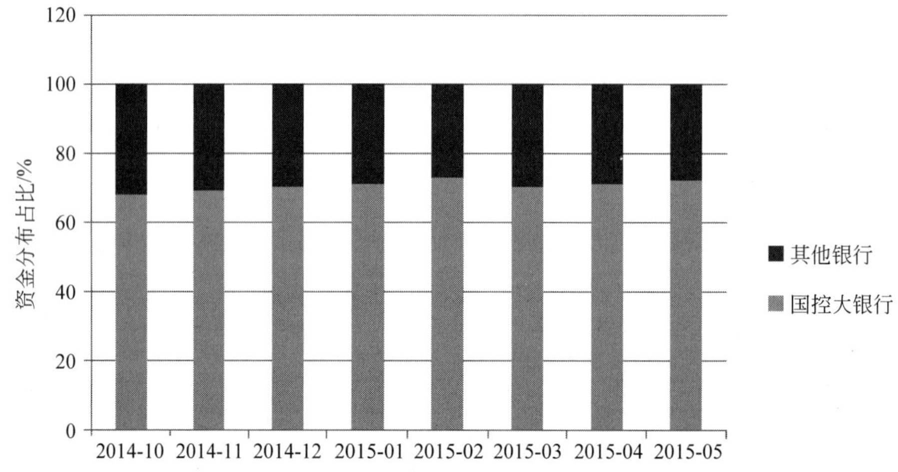

附图 2.4　2014 年 10 月—2015 年 5 月俄罗斯央行资金在银行间市场分布

资料来源：俄罗斯银行。

（4）银行业的盈利能力。信贷市场流动性紧张的情况下，由于银行监管部门对银行稳定性关注的持续增强，2014—2015 年商业银行盈利能力继续下降，俄罗斯国内联邦银行及中小微银行无一幸免。商业银行利润增长压力来自收入方面的是投资组合放缓导致的收入基础减少，同时资金成本提高；来自支出方的压力表现为基础设施成本支出和因投资组合恶化而致新监管要求产生的

① 贷款风险集中度是一个重要限制性指标，它是银行对单一客户的贷款余额与银行净资本的比例。现在很多国家的银行监管部门把资本充足率、拨备覆盖率和单一客户风险敞口上限并列为最重要的风险管理指标。

坏账计提增加。在此情况下零售银行正在逐步分化，同时随着资本外逃情况逐渐恢复而产生的部分客户开始向大银行逐渐转移。

(5) 银行业集中度突出表现为银行并购增加。自 2009 年初以来，俄罗斯银行市场中国控银行、私人银行和外资银行三大类主体发生了悄然的变化。私人银行在金融危机后依靠激活大企业贷款而在市场中地位得到加强，外资银行市场份额下降。而在 2015 年将出现更多的大银行资产并购和中小银行业务调整。俄罗斯大型商业银行在 2015 年的重点将会更加注重稳定保持现有盈利水平，重点领域进行成本优化，即关闭不盈利部门、裁员、提高工作效率等，并在现有业务网络上发展非贷款的交叉销售。由于大型商业银行发展侧重点改变，这给中小银行提供了机会，因为贷款招标市场中公共采购 2014 年 10 万亿卢布的规模远没有达到信贷资源饱和。

由于乌克兰危机、西方制裁及金融投机影响油价波动起伏。大规模资金外逃和卢布贬值使得俄罗斯国内银行业已不堪重负。大银行机构已经进入“资本维持模式”，而中小银行则被迫消减资产负债业务，面临较大的风险压力。俄罗斯政府目前正在承诺救助银行业，但应对措施处于两难境地：要么上调利率，以提振卢布和保持俄罗斯国内民众购买力；要么下调利率，以扭转银行颓势刺激经济增长，然而这两种举措似乎效果均不明显。

2. 俄罗斯股票市场结构性指标变化

2015 年初布伦特原油期货价格持续下降，从 59.2 美元/桶跌到 48.1 美元/桶[①]，不得不指出的是 59.2 美元/桶的这个石油价格的上次记录是 2009 年 5 月。而 2015 年 1 月莫斯科银行间交易所指数从 1 月 5 日的 1 435.6 点上升到 8 日的 1 547.4 点，股指持续上涨并显示出股市的高流动性。

乌克兰危机以来俄罗斯国内高通胀和经济收缩限制了俄罗斯中央银行的政策选择，2014 年俄罗斯银行供给六次上调基准利率，该利率从 2014 年年初的 6.5%上升至年年末的 17%。快速加息是为了控制通货膨胀，却限制了该国银行业和整体经济的发展。股票市场的结构性指标显示，金融类、采矿类、加工制造类、通信与交通类等部门指数表现不一，如附表 2.2 所示。

---

① 莫斯科银行间交易所 2015 年 1 月 26 日指数动态。

附表 2.2　俄罗斯股票市场总市值结构占比情况(2015 年一季度末)

部　　门	较上年末比占总市值份额变动率/%	占总市值比率/%
采矿业	↑31.05	49.24
加工制造业	↑0.97	17.2
通信与交通运输业	↓0.15	7.3
批发与零售类	↓0.15	10.9
其他		

资料来源：俄罗斯银行间交易所。

采矿业部门总市值结构占比上升主要是由于“卢克石油公司”股价持续上涨 46%，诺里尔克斯镍业股票价值翻番增长。然而俄罗斯天然气工业公司和俄罗斯石油公司股票的年收益率分别仅为 0.2%和−3.8%。金融部门市值占比偏弱则因评级变化导致，储蓄银行普通股增长 7.3%，优先股增长 11.1%，而“ВТБ”银行增长更缓和并面临进一步下降的风险，该股票也出现了价值增长变化，增幅为 35%，但其增幅低于卢布贬值的幅度，却高于银行的存款利息。

3. 俄罗斯债券市场机构变化

随着卢布汇率大幅走低和通货膨胀加剧加速了资本外逃。为了应对危机，2014 年 12 月俄罗斯央行将关键利率上调至 17%。急剧增长的企业融资成本严重阻碍了俄罗斯经济发展，给俄罗斯疲弱的经济增长带来不利影响。事实上俄罗斯经济增长自 2010 年以来呈现持续放缓的态势，尤其是 2013 年和 2014 年，2013 年俄罗斯经济增速从 3.4%急剧下降至 1.3%，2014 年俄罗斯经济增长仅为 0.6%，2015 年二季度经济进一步萎缩 4.6%。为促进经济发展，2015 年 1 月 30 日俄罗斯央行降息 200 个基点基准利率下调至 15%，卢布兑美元应声跌破 70%。3 月 13 日俄罗斯央行再次降息 100 个基点。同期俄罗斯公司债券市场指数在 2014 年 12 月和 2015 年 1 月这两个月下跌后，随着利息率的调整，市场试图恢复。然而在紧缩的货币政策背景下公司债的平均收益再次呈现下降趋势。从 2014 年 12 月底的下跌 15.97 百分点水平变化到 2015 年 1 月末的下跌 16.34 百分点，这是 2009 年金融危机以来的最大跌幅。新的公司债投资组合期限开始缩短，以应对市场利率变化带来的风险。随着利率下调效应的显现和卢布汇率水平上升，2015 年一季度市场开始企稳。投资者购买的俄国债收益率比美元高 7%，而投资其他发展中经济体债券市场的损失率为 1.1%。

俄公司债券持有者的收益率也高达 7.3%，是发展中经济体增长最快的。

危机冲击对债券一级发行市场的影响主要为国际评级机构对俄罗斯的评级变化。2015 年年初以来，俄罗斯国内债券市场处于危机事件的影响之下，市场笼罩在主权、次主权和公司评级展期不利的阴影下。首先是惠誉评级机构将俄罗斯主权债降级为"BBB-"，紧接着是穆迪评估降级为"Baa3"，紧随其后的是降低大公司评级，这里主要涉及：Сбербанк，ВТБ，Россельхозбанк，Газпром，Лукойл，НК"Роснефть"，"НОВАТЭК"，"РЖД"，"ФСК. ЕЭС"，ГМК"Норильсктй никель"，"Ростелеком"和其他机构。

在二级流通市场的表现中公司债收益率的高波动性明显。收益率持续快速增长的主要是金融类机构和加工生产部门，债券收益增长率均超过 4 个百分点。尽管在非常不利的外部环境下，俄罗斯金融监管部门还是开始降低了个别贷款的利率，债券利率降幅明显的是科技公司，平均降幅 3 个百分点。在制造业和能源行业债券利率平均降 1 个百分点和 0.7 个百分点。同时俄罗斯银行在 2015 年 1 月末撤销了 12 个企业债券的发行资质，其原因是非承兑债券发行人拒绝承兑非合同原因而产生的拒付，此后公司债发行人履约情况有所改善。

4. 俄罗斯非银行金融机构风险

西方经济制裁和国际油价下跌引发俄罗斯国内经济危机，对俄罗斯非银行金融机构产生较大冲击。保险机构和私人养老基金成为准系统性风险源。保险业明显表现出了行业增速放缓和盈利能力下降的特点。

2014 年上半年俄罗斯保险业增速放缓 5 个百分点，达到 8.5%的行业增长速度。增速放缓既有宏观经济因素的影响，也有保险业自身发展因素的制约。其中俄罗斯保险市场上投保费用被提高，提高部分主要包括诉讼费和处罚费。因此保险费率失衡导致了 2014 年上半年保费收入减少。为了改善保险市场投保意愿下降的情况，2014 年 7 月修订法案，其中规定从 2014 年 10 月开始，将财产损失赔付额从 120 万卢布增加到 400 万卢布；从 2015 年 4 月 1 日起增加健康保险的赔付额度从 160 万卢布增加到 500 万卢布，并从 2015 年 7 月 1 日引入电子保单方式提高安全和工作效率。保险市场自危机以来，盈利能力明显下降。2014 年上半年保险机构中处于综合成本亏损运营的占到 94.4%，多家保险公司资产流动性不足降低了他们的偿付能力，这对保险市场的稳定性带来负面影响。

俄罗斯私人养老基金在危机后表现出运营体制转变和业务转型的动向。2014 年第二季度开始，私人养老基金的运营开始向股份制公司化转变。截至

2014 年 10 月 1 日全部 53 家私人养老基金公司已有 41 家完成股份制公司化进程，同时私人养老基金公司管理着 91%的私人养老储蓄。然而私人养老储蓄目前呈现出规模缩减的趋势，并在此次危机期间自愿参加私人养老储蓄基金的人数明显下降。

私人养老储蓄基金公司在西方资本市场关闭的条件下寻找业务转型，并开始尝试参与联邦政府强制养老保险业务中。截至 2014 年 10 月 1 日，俄罗斯央行收到 26 份私人养老基金加入保障体系的申请。在制裁期间私人养老基金的活动分析表明，来自它们所产生的风险主要是声誉风险和信心风险，这些风险性质呈现出了非系统风险的特征。

5. 俄罗斯银行部门与非金融机构债务结构变化

总体而言，俄罗斯的银行部门和非金融机构的外债占 GDP 的比重较低，债务期限中大部分属于长期还款项目，总债务的 75%是要在 2015 年后偿还。债务规模如附图 2.5 所示。俄罗斯金融部门债务期限大部分属于长期还款项目，总债务的 75%是要在 2015 年偿还。

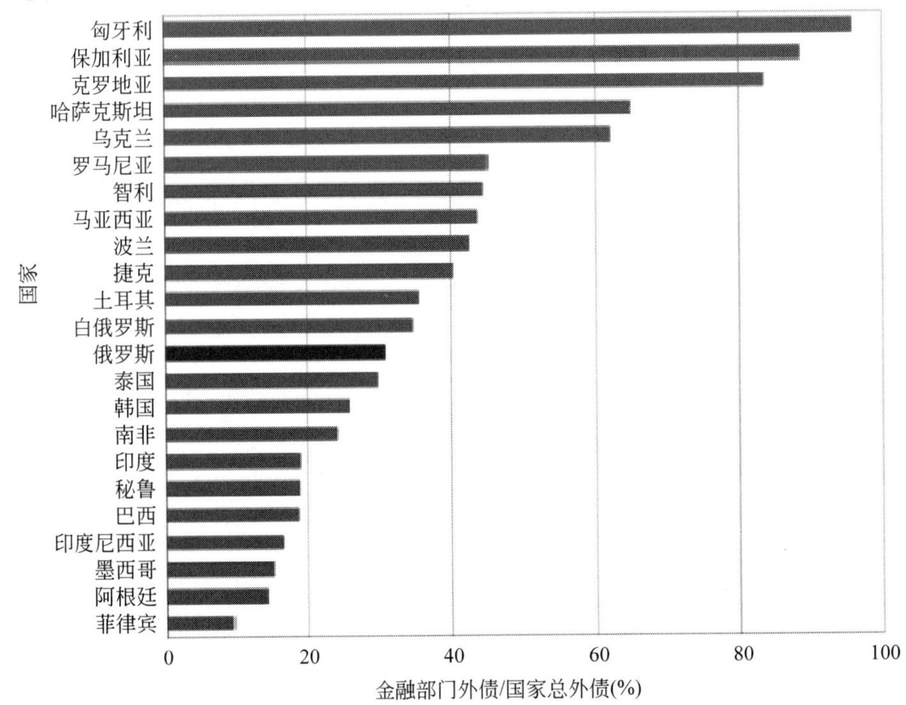

附图 2.5　新兴经济体国家金融部门外债占国家总外债情况(2014-10)

资料来源：俄罗斯银行。

首先是就银行部门的外债变化而言，截至2014年第三季度俄罗斯银行部门外债规模是1 920亿美元。在银行外债的币种结构中，以美元计价的负债占到70.5%，以卢布计价的占到15.3%，而欧元是10%。在外债规模中，俄罗斯国控银行占到比较大的比例，如附图2.6所示。

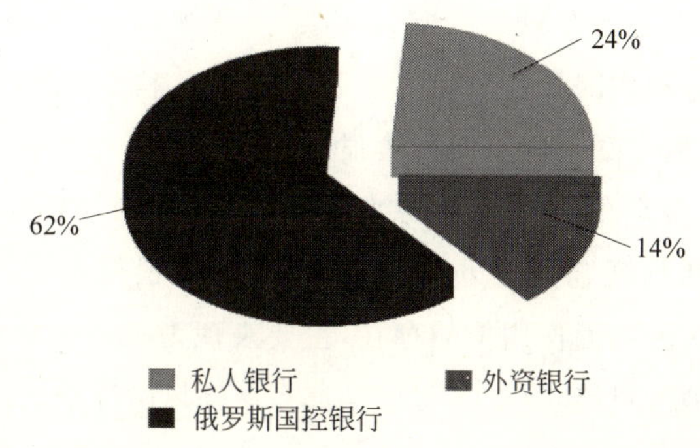

附图2.6 俄罗斯不同类型银行外债占总外债比例(2014-10)

2014年9月俄罗斯银行对30家最大的信贷机构进行2015年全年的外币资产与负债的实际利率期限结构评估。其假设银行需要使用货币资产、有价证券、基金等资产工具进行偿还外债。结果发现，审查期间的30家大银行拥有外汇经缓冲区320亿美元。其中某些银行可能存在资产负债的期限错配问题，但对于一般银行部门而言，外债再融资没有表现出系统性风险问题。

其次是非金融机构的外债变化而言，俄罗斯非金融机构中是以大型企业为重，其托管的欧洲债券规模价值924亿美元，约占非金融机构债务规模的22%；银团贷款1 237亿美元，约占29%，外债其余部分是其他非金融机构借入，价值规模为2 060亿美元，约占非金融机构总外债规模的49%。从债务币种结构看，以美元计价占62%、欧元占12%、卢布占24%。

大型企业的债务状况呈现出债务量大、非居民借款比例高的特点。其原因主要是大型企业善用外币资金进行“自然对冲”，获得掉期套利收益，同时在国外市场的融资成本一般而言要融资期限长且成本低，因此非金融机构中大型企业的外债量占比较高。在这些大型企业的借款中，三个最大的石油天然气公司外债综合不低于3.2万亿卢布，约占非金融部门外债的20%。而对于大型的石油天然气公司中，他们的外债币种结构中美元债务约占84%，该指标高于其他行业的借款币种结构占比情况。根据大型非金融机构的债务还款时间分布来看，债务偿还期基本保持平稳。2015 年全年应还债务 26%，2019 年是 38% 的债务按需要到期赎回。这一逐步还款计划允许大型企业利用自身经营现金流清偿债务。从俄罗斯国内 42 家大型非金融企业的债务期限分布来看，石油和冶金加工类企业外债有明显短期化趋势。

尽管 2015 年底之前有较大的支付需要，然而风险依然是适度的。对石油和天然气公司较有利的因素是公司内部财务杠杆比率水平低，而冶金部门有较好的财务状况，外债贷款再融资的风险很有限。

总体而言，俄罗斯的出口企业能够独立完成偿还外债，主要是因为除了可以利用自身经营性的现金流之外，还可以向俄罗斯银行进行再融资以完成还款。然而危机冲击的负面作用依然存在，主要表现为投资方案计划实施的时间被延迟抑或有取消的可能，但这不足以构成系统性风险存在。

三、 俄罗斯金融稳定性指标体系

早在 2013 年 7 月俄联邦成立了隶属中央银行的金融监管委员会，旨在进一步推进俄罗斯中央银行独立实施宏观审慎管理职能，并将俄罗斯金融市场局撤并，进一步将货币政策和金融监管同时赋予金融监管委员会，确保央行防范和化解系统性风险的能力。根据欧洲中央银行(ECB)提出的包含内在因素、外界因素以及关联因素三大类、八个层面的综合指标的宏观审慎指标体系，俄罗斯央行选取了部分核心指标反映国内金融稳定性情况，如附表 2.3 所示。

附表 2.3　俄罗斯金融监管委员会金融监测评估指标系统

指　　标	比　较　期	阈　值	该指标值		
			2015-02	2015-03	2015-04
M1 实际货币供应量	较上年同期增幅	>0.46	−0.1	−0.12	−0.13
核心 CPI	较上年同期增幅/%	>114.86	116.8	117.5	117.5
国家储备	较上年末比增幅	>0.35	0	0	0
俄联邦银行间利率	较上年末比增幅	>2.89	0.9	1.0	1.0
卢布兑美元的实际指数	较上年同期增幅	>1.19	0.6	0.7	0.8
债券市场中期收益率	较上年末比增幅	>1.23	0.9	1.0	0.9
债券市场长期利率	较上年末比增幅	>1.06	0.9	1.0	0.9

续表

指　　标	比　较　期	阈　值	该指标值		
			2015-02	2015-03	2015-04
PTC 指数	较上年同期比增幅	＞3	0.7	0.7	0.9
PTC 指数	较上年末比增幅	＜0.61	1.2	1.0	1.2
MMBБ 指数	较上年末比增幅	＜0.99	1.0	1.0	1.0
政府债券指数	较上年末比增幅	＜0.97	1.0	1.0	1.1
超额准备率	较上年末比增幅	＜－0.4	－0.6	－0.1	0.1

从附表 2.3 指标反映，俄罗斯金融市场形势已有所稳定，乌克兰冲突趋于缓和与国际油价下跌都影响着俄国内经济预期。美元对卢布发展到 50 卢布的水平，经济下滑不似预测那么深。然而不可测的原因既有国际能源价格的高度不确定性，又有地缘政治的原因，除此之外卢布 2014—2015 年大幅走软造成通胀。2015 年以来俄罗斯外汇储备增长为零，6 月时央行承诺未来几年将把储备从 3 600 亿美元增加至 5 000 亿美元，同时指出如果资本外逃加剧，将再次启动国家储备基金向外汇市场注入流动性，并开始干预市场以支撑卢布稳定。

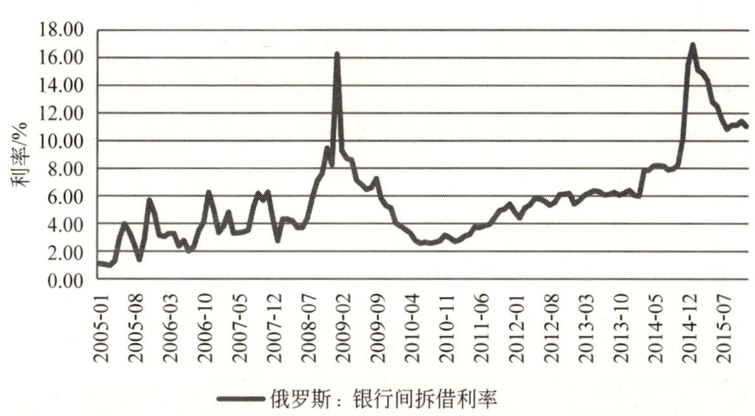

附图 2.7　俄罗斯央行基准利率调整(2005.01—2015.07)

资料来源：俄罗斯中央银行。

如附图 2.7 所示，尽管基准利率从 2014 年下半年的 17％调至 2015 年年初的 12.5％，金融市场情况依然表现困难，莫斯科银行间交易指数和俄罗斯证券指数均低于金融监测临界值。这反映了危机的过程并表明未来地缘政治不确定和国际油价的不稳定均随时影响俄罗斯金融市场。

四、结论与启示

（一）完善金融清算基础系统，加速人民币自由兑换进程

国际清算系统对整个金融系统和世界而言是重要的基础设施，必须确保体系的安全。以SMP银行为代表的遭受美国金融制裁的金融机构以及俄大型企业集团由于国际支付体系人为中止导致俄罗斯国际结算运转骤停。[①] 在美元支撑的全球金融体系和全球贸易中，金融制裁最大的威力莫过于"封闭一国国际贸易结算通道"——制裁银行系统。由此估测美国对俄罗斯制裁有可能进一步扩大对俄罗斯银行系统的制裁，停止俄罗斯通过"环球银行间金融电讯协会"和"纽约清算所银行同业支付系统"（CHIPS）进行美元转账、支付、结算等经济活动。严重影响俄罗斯经济运行。因此俄罗斯借鉴中国银联系统经验，由SMP银行牵头研发俄罗斯国内支付体系，以确保俄罗斯境内支付业务稳定，不受"外部因素"影响。

这对我国金融结算安全的启发在于我们有自主研发的中国银联系统，并设计推出了双币种和多币种银联借记卡与信用卡，发行对象主要面向经常出境的人士，为其提供可在140多个国家和地区的银联全球网络中结算服务。然而国际贸易结算业务多使用的是美元与人民币双币银联卡，这就为间接受到国际金融制裁提供了物理媒介，一如此次俄罗斯遭受美国金融制裁后，如果其选择中国银联卡也难以回避制裁冲击，因为中国银联提供美元国际结算服务，但由于美国的制裁无法对俄罗斯的银行以美元结算，而人民币的跨境结算业务开展的又相当有限。继而提出加速人民币自由兑换进程，早日实现人民币成为国际储备货币。

（二）汇率暴跌是表象，背后反映转型国家经济的陈年旧疾

对俄罗斯而言，即使没有乌克兰危机这样非常规性因素的影响，原有的以原材料出口支撑经济增长的发展模式也已走到尽头。自2000年以来俄经济连

---

① 2014年9月美国Visa和万事达国际支付系统单方面暂停了对"俄罗斯银行"（Bank Rossiya）、北海航线银行（SMP Bank）、Robin Bank以及投资资本银行（Invest Capital Bank）提供支付结算业务。

续8年保持了6.6%的年均增速，以美元计算的名义收入增加9倍，经济增长主要得益于同期内俄原油价格的反复拉升，其后果是经济的“去工业化”和对国际油价的过度依赖。俄罗斯近年经济增长的内生驱动因素并未发生根本变化，而经济表现不佳主要是受到外部因素的影响，面临的是一种“输入”型危机。历次危机都暴露出经济增长点过于单一、工农业产能不足和金融体系脆弱的弱点。

中国自改革开放以来保持了年均10%左右的增长速度，从持续时间、覆盖人口范围来看，这是人类历史上从未出现过的高速增长，因此也被称为“中国奇迹”。但是长期持续非常规高速增长也开始面临不可持续性的问题。对此，习总书记在2014年5月和7月两次用“新常态”描述当前我国经济发展特征，以及“三期叠加”的阶段的表现。可见中俄两国在转型深化期均存在内部经济增长的可持续性与外部经济依存度协调的问题，这也就不难理解金融市场震荡的深层次原因同样反映出本国经济结构的内外协调问题。

（三）金融市场开放度越高，资本市场结构越呈现多层次化

转型国家金融市场活动表明，经济和制度环境越差，银行集中度越高且股市结构也呈现失衡倾向。前述俄罗斯银行集中度提高挤占中小银行市场份额，并且出现中小企业融资难加剧的现象，而俄罗斯的股市的表现尤以金融银行类、能源类和金属采掘类为主，能源类股票约占总市值的70%，易受到国际外部环境的影响，而日用消费品类、工业类、电力和通信类市值份额总和也未超过30%。可以观察到2015年年初之时俄罗斯股市“欣欣向荣”的景象，不完全是实体经济社会生产创造，而是国际游资涌入证券市场的相机而动行为引起的假象。

这对我们现阶段产生的启发是应强化金融服务实体经济的功能，着力提升直接融资占比；继续完善多元化金融机构体系，创新金融产品和运作模式；深化农村金融市场改革，促进政府投融资平台转型发展同时建立多层次的资本市场，形成以中小板主板与创业板为主的场内市场和以全国性场外交易市场与区域性股权交易市场为主的场外市场的多层次资本市场架构。推动资本市场与实体经济、投资与融资者之间良性关系形成和多层次资本市场体系的健康发展。